KB188775

하루 묵상

일상의 영성을 위한 365일

하루 묵상
일상의 영성을 위한 365일

지은이·하정완
꾸민이·성상건
편집디자인·자연DPS

펴낸날·2023년 10월 25일
펴낸곳·도서출판 나눔사
주소·(우) 10270 경기도 고양시 덕양구 푸른마을로 15
　　　301동 1505호
전화·02)359-3429　팩스 02)355-3429
등록번호·2-489호(1988년 2월 16일)
이메일·nanumsa@hanmail.net

ISBN 978-89-7027-895-7 03230
값 18,000원
잘못된 책은 바꾸어 드립니다.

하루 묵상

일상의 영성을 위한 365일

하정완 | 지음

나눔사

목 차

- 우리가 죄를 짓든 안 짓든 하나님은 우리 안에 계시다
- 세상을 향한 속도를 반으로 줄여라
- 우리의 성취는 죄의 힘의 결과였을지 모른다
- 바쁘다고 해서 숨을 쉬는 것을 멈출 수는 없다
- 무지한데 착각까지 하고 있다
- 과로는 폭력이다
- 하나님을 열망하는 것은 하나님을 알기 때문이다

2. 죽기 전에 죽어야 한다 / 55
——

- 반복해도 괜찮은 것 같지만 죄는 죄다
- 죄는 단순한 것이 아니다
- 기도는 생각을 중단하는 것이다
- 기도할 수 없는 때는 존재하지 않는다
- 기도 속에 더 깊은 기도가 있다
- 나태한 자의 움직임은 아무런 의미도 없다
- 침묵으로 우리는 선명해지고 분명해진다
- 침묵은 벌거벗은 모습으로 하나님 앞에 서게 한다
- 영적인 사람은 일차원적인 문제로 고민하지 않는다
- 밥을 먹지만 밥이 목적이 되지 않는다
- 죽기 전에 죽는 것이 아름다워지는 길이다
- 집을 떠나야만 만날 수 있는 것이 있다
- 지금도 무엇인가는 일어나고 있다
- 세상이 아무리 즐거워도 곧 지루해진다
- 다그치지 않아도 바람처럼 흘러간다
- 죄가 미워진다 내가 달라진다
- 하나님을 모름으로 하나님을 안다
- 기도할 수 없을 때 계속 기도해야 한다
- 고통을 이기는 존재는 다른 존재이다
- 고통은 생각의 축적물이다
- 우리의 영은 지금 상처받고 있다
- 기도가 깊어질수록 우리는 달라진다

- 하나님께 이끌려가도록 자신을 허용하라
- 기도 소리에서 하나님이 보인다
- 기도를 하는 자는 하나님을 알기 때문이다
- 기도는 주님의 간절함에서 비롯된다
- 하나님은 우리를 떠나신 적이 없으시다
- 하나님의 사람에게 24시간은 모자라다

3. 사람의 깊이는 훈련의 깊이다 / 85
——

- 공동 기도는 개인 기도를 대체하지 않는다
- 신앙은 나를 찾고 나로 사는 것이다
- 죄가 두렵지 않으면 벗어날 수가 없다
- 침묵으로 하나님을 호흡한다
- 접근 정도가 아니라 일치에 이르도록 추구해야 한다
- 사형에 해당하는 죄를 방치해서는 안 된다
- 나태는 교만이다
- 내가 멈출 때 하나님이 알게 하신다
- 침묵할 수 없다면 완전한 함성을 지를 수 없다
- 무가치하다는 생각도 하나님 앞에 내어놓아야 한다
- 기도가 재미있다
- 이것이 영성(靈性)이다
- 침묵은 생각이 흘러나가도록 여는 통로이다
- 제대로 떨어져야 한다
- 침묵은 우리를 객관화하는 존재로 이끈다
- 죄는 멀리하는 것이 필요하다
- 약간 비우는 것이 필요하다
- 이 세상을 살지만 저 세상을 산다
- 하나님 인식은 고통을 넘어가게 한다
- 물을 마시는 것만으로 충분히 감동이 되었다
- 기도는 하나님 아버지와 말하고 떠드는 것이다
- 기도하고 싶다면 다른 존재가 되었기 때문이다
- 사람의 깊이는 훈련의 깊이다

- 죄처럼 보이지 않는 죄가 있다
- 침묵기도는 하나님께 나를 맡기는 완전한 의존적 기도이다
- 그냥 지나가게 하면 된다
- 내가 변할지도 모른다
- 살아있지만 죽은 자인지도 모른다
- 기도는 내 필요만으로 하는 것이 아니다
- 하나님은 우리의 사랑을 강요하지 않으신다
- 마음을 상실하도록 프로그램되어 있는 듯하다

4. 죄를 짓지 않을 자유가 있다 / 117
——

- 하나님은 우리를 찾아다니고 계시다
- 기도는 자신의 하나님이심을 증명하는 것이다
- 인간의 욕망을 신학적으로 정당화시켰다
- 평화롭지만 더 깊이 하나님을 추구한다
- 주님의 진정한 제자는 평생 수도자이다
- 하나님이 원하시는 것은 일이 아니라 교제다
- 우리를 꾀어서 사랑에 빠지게라도 하셨으면 좋겠다
- 거짓 자아를 유지하느라 우리는 피곤하다
- 성령은 우리 마음을 만지셔서 내면을 보게 하신다
- 기도가 모자란 것보다 하나님과의 관계가 시원찮은 것이다
- 하나님은 우리에게 완전히 묶여있으시다
- 탐닉이 언제나 아름다운 것은 아니다
- 절대로 찾지 않는 우리를 위하여 오셨다
- 주의해서 듣는 것은 사랑하기 때문이다
- 말씀을 듣고 말을 하는 것이 온전한 기도다
- 하나님이 계실 방을 만들어두어야 한다
- 보이지 않는 것을 보는 이가 영적인 사람이다
- 사막같은 세상을 걸어갈 때 나침반이 필요하다
- 믿음은 영의 일이다
- 갈망이 더 깊은 갈망으로 이끈다
- 이전에 몰랐던 새로운 맛과 새로운 세상이 있다

- 영은 영으로만 채워질 수 있다
- 무조건 하나님 안에서 쉬라
- 하나님이 골방 속에 숨어 계시다
- 아름다운 하나님을 만나기에 우리는 아름다워진다
- 나는 침묵함으로 쉰다
- 하나님으로 외로워하는 이에게 자신을 드러내신다
- 하나님을 바라보고 사랑하는 자가 하나님을 본다
- 침묵은 내가 의식하며 사는 것이다
- 하나님은 우리를 공개하지 않으신다
- 하나님이 흑암을 떠나 우리 가운데 오셨다
- 사람이 할 수 있는 가장 위대한 일은 기도다
- 조금이라도 늘 옮겨지는 돌은 이끼가 끼지 않는다

7. 버리면 가벼워진다 / 213

- 침묵으로 예수를 바라보다
- 하나님은 모든 것으로 자신을 드러내신다
- 하나님 앞에서는 침묵 외에 할 말이 없다
- 숨을 쉬며 하나님을 느끼다
- 리더가 들을 귀가 없으면 백성들은 괴롭다
- 너의 깨달음을 지금 하라
- 죄를 지었는데 위로받는 것은 옳지 않다
- 하나님을 믿지만 경험하지 못한 데서 비극은 시작되었다
- 오늘을 허비한 것은 결정적인 죄다
- 버리면 가벼워진다
- 쉽게 무너지는 이유는 내면이 단단하지 못하기 때문이다
- 내면이 배부를 때 우리는 흔들리지 않는다
- 크리스천은 모두 영적 순례자가 되어야 한다
- 순례의 핵심은 보는 것이다
- 우리는 매일 떠나야 한다
- 언제나 골방에 주님이 계시다
- 바로 이곳이 거룩한 곳이다

- 일상이 중요하지만 진보적인 일상이 되어야 한다
- 목표보다 중요한 것은 길이다
- 육체적 상태는 영적인 상태에 영향을 미친다
- 세상이 아니라 나의 계획을 따라 살아야 한다
- 우리 영도 피곤하고 갈급하다
- 고독은 온전한 골방이다
- 고독 끝에 만난 사람은 반갑다
- 주님을 알면 주님으로 살고 싶어진다
- 크리스천은 주님을 받아들인 사람들이다
- 너야말로 잊을 수 없는 이름이다
- 벌거벗은 채로 하나님 앞에 나가면 된다
- '그리움'만큼 보이고 '간절함'만큼 보인다
- 기도가 유치해지고 말씀이 하찮아졌다면 심각한 문제다
- 우리 신앙도 놀이가 되어야 한다

8. 나는 죄가 싫다 / 245

—

- 나의 시간을 구원해야 한다
- 하나님은 어둠이 조금도 없으시기 때문이다
- 하나님의 말씀을 들어야 말하기 곧 기도가 온전해진다
- 기도의 깊이에 들어선 사람은 겸손하다
- 기도하다가 하나님의 뜻을 아는 기도에 들어선다
- 기도란 죽음이 벌어지는 행위다
- 기도는 쉼이다
- 하나님 앞에 설수록 우리는 죄에 대하여 민감해진다
- 죄를 지속하고 있다면 하나님과 관계없는 존재이다
- 기도할수록 우리는 맑아지고 깨끗해질 것이다
- 응답하지 않으시는 것이 정확한 기도의 응답이다
- 기도를 배워야 하는 이유가 있다
- 기도는 하나님을 앓는 현상이다
- 기도는 우리를 존귀하게 만든다
- 아무도 보지 않을 때 드러나는 내가 진짜 나다

- 죄의 음식이 있다
- 몸의 문제가 아니라 마음의 문제다
- 수련은 다가올 위기의 강력한 대책이다
- 우리 역시 신(神)의 성품에 참여할 수 있다
- 예수를 주로 고백하지만 주가 아닐지도 모른다
- 하나님의 사람은 다른 세상에서 살아야 한다
- 주님은 외롭지만 외로움을 사랑하셨다
- 우리가 육체로 살 세상은 지금 이 세상이 전부이다
- 기도는 전부이다
- 당신에게 향하지 않는 한 슬픔에 빠진다
- 예수를 믿지만 변화되지 않는 이유가 있다
- 찬양과 감사가 기도의 전부일 수밖에 없다
- 회개는 하나님을 높이고 찬양하는 행위이다
- 그리스도의 구속은 마음까지 포함되어 있다
- 기도는 목숨 건 사투이다
- 나는 죄가 싫다

9. 기도는 나에게 휴가를 주는 것이다
——

- 죄로 인해 죽고 싶을 만큼 괴로운 자여야 한다
- 쉬지 않고 기도하는 비결은 쉬지 않고 기도하는 것이다
- 어느 날 우리는 깨달음(awakening)에 이른다
- 죄는 냄새로 우리 기억 속에 여전히 남아있다
- 하나님 안에서 우리 자신을 잃을 수 있다
- 하나님께 나아갈 때 우리는 일치를 경험한다
- 지식의 찬란함은 말로 표현할 수 없다
- 기도하라 그러나 주도하지는 말라
- 호흡으로 기도하다
- 기도는 나에게 휴가를 주는 것이다
- 마음을 방치해서는 안 된다
- 먼저 기도부터 해야 한다
- 기도하지 않는 자들이 너무 많다

- 더 아름다운 것이 있다
- 보지 않아도 보는 것이 지향이다
- 변화를 노력한 사람은 많지만 변화된 사람은 별로 없다
- 기도는 방법이 아니다
- 괴로움을 주는 생각이 떠오르자마자 흘려보낸다
- 말씀 없이 살고자 하다니 어리석은 일이다
- 하나님을 사랑하는 상사병은 희귀병이 되었다
- 하나님과의 사귐은 시간이 필요하다
- 기도는 고통스럽다
- 언제나 죄인임을 기억하며 살아야 한다
- 하나님과 단 둘만 있는 것처럼 하나님과 산다
- 일상에서 하나님을 만나야 했다
- 늘 하나님을 응시해야 한다
- 아무리 집착해도 괜찮은 것이 있다
- 기도는 하나님께 굴복하는 것이다
- 내가 너를 사랑하는 것은 너이기 때문이다
- 기도한다는 것은 멈춘다는 뜻이다

10. 그곳에 기도를 쌓아야 한다 / 309

- 절대로 죄를 끝까지 지어서는 안 된다
- 하나님께 너무 버릇없게 굴어서는 안 된다
- 그곳에 기도를 쌓아야 한다
- 내가 하나님을 그리워하며 앉아있는 것이 응답이다
- 기도는 우리의 존재 됨을 드러낸다
- 너를 위해 기도하는데 내가 변한다
- 기도하는 사람은 언제나 아름답다
- 언제나 중요한 것은 문제가 아니라 하나님이시다
- 아름다움이 아름답게 한다
- 한두 번 기도하고 멈출 수는 없다
- 기도는 하나님을 향한 그리움에서 나와야 한다
- 빛이 선명해질 때 더욱 나의 어둠을 주의해야 한다

- 완전한 고독과 완전한 정직으로 기도해야 한다
- 하나님은 우리가 당신을 찾기를 원하신다
- 단 하루도 똑같은 날이 없다
- 하나님만이 거하시는 공간이 있다
- 하나님은 언제나 준비되어 계시다
- 기도를 멈출 수 없는 것이 자연스러운 일이다
- 하나님께 조용히 속삭여도 분명히 들으신다
- 사랑이 기도다
- 자신의 뜻을 말하는 기도도 중요하다
- 희미해진 기독교가 된 이유가 있다
- 하나님께 가까이 갈수록 죄는 더 분명히 보인다
- 침묵은 귀를 여는 수련이다
- 사랑이 영원하다면 사랑하는 대상이 영원하기 때문이다
- 자기의 죄를 보는 것은 아름답다
- 죄에 익숙한 것은 하나님께 익숙하지 않기 때문이다
- 죄를 지으면서라도 주님께 나아가야 한다
- 죄는 죄라고 인정하면 된다
- 어두움을 깊은 곳에 밀어 넣는 것은 잘못이다
- 내 안의 그림자를 무시해서는 안 된다

11. 우리는 하나님을 기다리지 않는다 / 341

———

- 마음이 더러워진 사람이 너무 많다
- 기도할 수 있는 자들은 일어나 기도하라
- 멈추지 못하는 것이 문제다
- 우리가 사람임을 기억해야 한다
- 진정한 쉼은 하나님 안에서만 온전하다
- 버리는 것이 시작이어야 한다
- 먼지일 때 죄를 치워야 한다
- 우리 안의 괴물이 점점 성장하고 있다
- 우리는 하나님을 기다리지 않는다
- 기도의 완성된 상태는 중간태 기도이다

- 침묵은 작은 죽음 같은 것이다
- 지금 기도해야 한다
- 기도는 하나님을 독대(獨對)하는 것이다
- 입 다물고 하나님을 기다려야 한다
- 우리는 굶주려 있는지도 모른다
- 민감함이 느려지고 둔탁해진 이유가 있다
- 확실한 죄는 확실히 버려야 한다
- 복음이라면 언제나 옳다
- 버리는 순간 중요한 것이 선명해진다
- 회개는 또 다른 의미의 미니멀리즘이다
- 우리는 하나님을 구하지 않는다
- 우리는 생각을 너무 방임하고 있다
- 우리 생각을 주의 깊게 주시해야 한다
- 그리움과 사랑이 크리스천의 삶의 방식이다
- 다른 것을 보기에 다른 존재가 된다
- 우리가 잃어버린 기도가 있다
- 우리의 가치는 하나님이 사랑하신다는 데 있다
- 죄를 짓는 이유는 내가 붙잡고 있기 때문이다
- 나는 생각한다 그러나 나는 생각을 통치한다
- 지독하게 몰아붙여야 변화될 수 있다

12. 수도적 삶은 시간이 걸린다 / 373

- 영적인 것은 당연한 것이어야 한다
- 말은 멈추고 말씀을 생각하라
- 고독은 거룩에 이르는 입구이다
- 사람들은 하나님을 두려워하지 않는다
- 악에게 잠시 틈도 줘서는 안 된다
- 변화는 경계를 넘어갈 때 벌어진다
- 사랑은 고통이 없다
- 지루해 보이는 아름다움밖에 다른 길은 없다
- 가벼운 침묵은 말씀이 없는 침묵이기 때문이다

- 거룩한 여유 거룩한 여백이 있어야 한다
- 일상생활은 깨어 있어야 한다
- 수도적 삶은 시간이 걸린다
- 멈추는 것, 귀 기울이는 것, 듣는 것 그리고 쓰는 것
- 우리는 부족하지 않다
- 오염되지 않은 배고픔이 있다
- 절대 신앙은 아무것도 하지 않는 것이다
- 버리는 것은 변하는 것이다
- 죄가 더한 곳에 은혜가 넘쳤다
- 아무도 보지 않을 때가 나의 영성이다
- 모든 것이 잘 될 때 긴장해야 한다
- 영성은 근심이다
- 가파른 길이 좋은 길이다
- 나 역시 잊혀지는 것을 두려워하고 있었다
- 기도가 깊어진 이유는 쌓였기 때문이다
- 우리 영이 죽는 것을 방치해서는 안 된다
- 죄로 죽지 말고 반드시 살아남으라
- 모든 순간은 다 아름답고 존귀하고 소중하다
- 변화는 방향이지 목적지가 아니다
- 영성은 순식간에 생기는 것이 아니다
- 미래는 죄를 범하지 않았다
- 영적인 훈련이 구원에 대한 최고의 대답이다

영적 여정의 깨달음

1983년 교육 전도사로 시작한 목회 여정은 햇수로만 따져도 40년이 된다. 이 세월 동안 나는 분명 목회자였지만 동시에 수없이 갈등하는 한 사람이었다. 나의 가장 큰 고민과 싸움은 두말할 것도 없이 바로 나 자신이었다. 언제나 내가 나를 괴롭혔다.

분명 나는 열심히 목회를 하였고, 문화 사역 등을 통해 복음을 전하는 일에도 열심을 다했다. 하지만 그것이 나의 죄와 고민을 해결해 주지 못했다. 그러던 어느 날 나는 언제나 위험한 나를 보았다. 나는 시퍼렇게 살아있었다. 강력하게 나를 징계하고 채찍을 가했지만 해결되지 않았다. 그때뿐이었다. 잠시 동안 피해 있던 괴물 같은 나 자신이 이내 슬그머니 기어 나오는 것을 보았다. 도무지 해결할 수 없는 존재였다. 절망적이었다. 그렇게 고민하던 나에게 말씀 한 구절이 들어왔다. 그것은 바울의 고민이었다. 놀랍게도 나와 같은 괴로움이었다.

> "내 속 곧 내 육신에 선한 것이 거하지 아니하는 줄을 아노니 원함은 내게 있으나 선을 행하는 것은 없노라 내가 원하는 바 선은 행하지 아니하고 도리어 원하지 아니하는 바 악을 행하는도다"
>
> (롬7:18-19)

바울이 위로가 되었지만 나와는 현저한 차이가 있었다. 나와 달리

17

바울은 그 절망의 끝자락, 스스로 "사망의 몸"이라고 토로하던 그 자리에서 회복되었다. 어떤 음성을 들었는지 모르지만, 바울은 자신을 아시는 하나님을 경험했다. 하나님을 경험하지 못하는 나와 다른 결정적 부분이었다.

> "오호라 나는 곤고한 사람이로다 이 사망의 몸에서 누가 나를 건져내랴 우리 주 예수 그리스도로 말미암아 하나님께 감사하리로다 그런즉 내 자신이 마음으로는 하나님의 법을 육신으로는 죄의 법을 섬기노라"(롬7:24-25)

"사망의 몸"이란 표현에서 알 수 있듯이, 나와 똑같이 고통하고 절망하지만 반드시 회복할 수 있는 힘이 그에게는 있었다. 그의 내면은 강건하였다. 바울 안에는 강력하게 속삭이시는 하나님이 계셨다.

이런 질문이 생겼다. '나에게는 왜 없는가? 그렇다면 나와 다른 바울은 어디에서, 언제부터 이러한 존재가 된 것일까?' 이와 같은 질문을 던질 수밖에 없었다. 그렇게 주시하며 살핀 것의 종착역은 다메섹 체험 이후 3년 동안 아라비아 사막에서의 삶이었다. 바울에게는 삼년의 사막이 있었다. 그리고 그가 깨달은 것은 자신을 위해 저주받아 죽은 예수 그리스도였다.

> "그리스도께서 우리를 위하여 저주를 받은 바 되사 율법의 저주에서 우리를 속량하셨으니 기록된 바 나무에 달린 자마다 저주 아래에 있는 자라 하였음이라"(갈3:13)

그것을 아는 순간부터 나도 사막으로 가고 싶었다. 그래서 세상과 도시를 떠나 살 계획도 해보았지만 떠날 수 없게 하는 수없이 많은 것들이 있었다. 특히 나의 사랑하는 청년들이 눈에 밟혔다. 나와 함께 걸어왔던 그들을 무책임하게 버려두고 갈 수는 없었다. 어떻게든 이 도시에서 사막을 살아야 했고 길을 찾아야 했다.

바울의 삼 년보다 더 시간이 걸릴 수밖에 없겠지만 치열한 싸움을 하기로 하였다. 그렇게 치열한 싸움을 한 지 15년이 되었다. 어떤 의미에서 나의 목회는 수련의 연속이었다. 그 시간을 거치면서 나는 오랫동안 살아왔던 신앙생활의 방법을 제일 먼저 바꿨다. 신앙 추구의 주도권을 하나님께 넘겨드렸다. 그리고 내가 추구한 것은 하나님을 알기를 몸부림치는 것이었지만, 그것 역시 입을 닫고 침묵하여 하나님의 현존을 기다리는 것에 집중하였다. 동시에 말씀 묵상에 힘쓰며 하나님의 뜻을 알기를 추구했다. 2008년부터 큐티 밥 묵상을 쉼 없이 해온 이유였다.

수련을 시작했지만 쉽게 변하지는 않았다. 유혹의 욕심을 따라 썩어져 가는 구습을 좇는 옛사람, 오랫동안 만들어진 나(the old self)를 제어하는 것은 쉽지 않았다. 처음에는 수련 이전보다 더 고통이 심했다. 여전히 다시 죄를 반복하는 나의 모습 때문에 더 큰 죄책감이 나를 지배했다.

그래도 잘한 것은 포기하지 않은 것이었다. 울며 고통하고 절망하였지만 포기하지 않고 걸었다. 그러던 어느 날부터 나는 서서히 변해

갔다. 언제부터인가 형질의 변화가 이뤄지는 것을 느꼈다. 내 안의 강력했던 괴물 같은 나는 힘을 잃어 갔고, 나 자신을 제어할 수 있는 힘이 생긴 나를 발견하였다. 그 힘은 내 안에 살아 계신 하나님을 경험하는 데서 비롯되었다.

"우리가 그를 힘입어 살며 기동하며 존재하느니라"(행17:28)

다른 것이 보이기 시작했다. 마르셀 프루스트가 "잃어버린 시간을 찾아서"에서 쓴 것처럼 "새로운 눈"이 생긴 느낌이었다. 깨달음이 왔다. 어느 날 하늘을 쳐다보던 다윗이 하늘의 별들을 보면서 탄성을 지른 것처럼 말이다.

"여호와 우리 주여 주의 이름이 온 땅에 어찌 그리 아름다운지요 주의 영광이 하늘을 덮었나이다... 주의 손가락으로 만드신 주의 하늘과 주께서 베풀어 두신 달과 별들을 내가 보오니 사람이 무엇이기에 주께서 그를 생각하시며 인자가 무엇이기에 주께서 그를 돌보시나이까"(시8:1,3-4)

놀랍게도 지금의 나는 절망하지 않는다. 교만하게 들릴지 모르지만 나는 이길 수 있는 싸움을 하고 있다. 허무하게 무너지고 절망하던 과거의 나에게서 싸울만하고 싸워 이길만한 내적 힘을 가진 나로 변형된 것을 보고 있다.

여기 있는 글들은 그 오랜 영적 싸움을 하면서 걸어오는 동안 깨달은 것을 적은 깨달음들이다. 모든 글들에는 나의 영적 고민과 묵상들이 적혀 있다. 글 하나, 하나를 읽어갈 때 어떻게 걸어가야 할지 그 길을 찾게 되기를 기대하며 정리하였다. 동시대를 살고 있으며 고민하며 걷고 영적 수련자들에게 이 글이 도움이 되기를 바란다.

*주의

365일 동안 하루 한 개의 글을 읽도록 준비하였다. 그러므로 매일 어디서든 쉽게 볼 수 있는 장소에 이 책을 두고 하루에 한 개의 글만 읽는다. 그런데 반드시 해야 할 것이 또 있다. 이 글을 읽을 때마다 빈 여백에 자신의 생각 혹은 깨달음을 써야 한다. 내가 쓸 때마다 깨달았던 그 깨달음과 서서히 물들어가는 변화가 생기리라 믿는다.

하정완 목사

1

가장 위대한 하나님의 일은 믿음이다

1

믿음은 하나님과 사랑에 빠지는 것이다

'하나님과 사랑에 빠지다.'

인간이 할 수 있는 최고의 일이다. 우리가 원하는 것을 이루기 위해 믿는 것이 아니라 오로지 하나님을 사랑하는 것이다. 마치 하나님이 아무 조건 없이 우리를 위해 모든 것을 내어주신 것처럼 사랑한다. 사랑에 빠진다.

'주님 외에는 다른 것은 필요 없어요.'

그 사랑에 빠지자 바울은 자신이 추구하던 것이 배설물로 보였다. 사랑하니까! 사랑에 미쳤으니까! 다른 것들은 방해물이었다. 이처럼 온전한 믿음은 하나님을 사랑하는 것이다. 사랑에 빠지는 것이다. 그것도 열렬히!

> "그러나 무엇이든지 내게 유익하던 것을 내가 그리스도를 위하여 다 해로 여길뿐더러 또한 모든 것을 해로 여김은 내 주 그리스도 예수를 아는 지식이 가장 고상하기 때문이라 내가 그를 위하여 모든 것을 잃어버리고 배설물로 여김은 그리스도를 얻고 그 안에서 발견되려 함이니"(빌3:7-9)

2
하나님을 기다리는 것은 가장 완벽한 열심이다

"우리가 선을 행하되 낙심하지 말지니 포기하지 아니하면 때가 이르매 거두리라"(갈6:9)

우리가 가장 힘들어할 때는 아무 일도 일어나지 않을 때이다. 시간이 낭비되고 있는 것은 아닌지 조급해지기도 한다. 그럴 수 있다. 하지만 내가 하나님 안에 있다면, 그분 안에서 사는 것을 추구하고 있다면, 시간이 낭비되는 것은 아니다. 단지 '기다림'이 필요한 것일 뿐이다.

신앙은 '기다림'과 관계있다. 하나님은 우리의 뜻대로 움직이지 않으시고 당신의 뜻대로 움직이시기 때문이다. 그래서 기다리는 법을 배워야 한다.

"하나님을 기다리지 않는 것이 유일한 게으름이다."(어떤 지혜자)

그러므로 하나님을 기다리는 것은 가장 완벽한 열심이다. 기다릴 수 있다는 것은 감각적인 것들에게 지배당하지 않는다는 뜻이고, 하나님의 주권적 통치를 전적으로 받아들인다는 뜻이기 때문이다.

3
사랑하기 때문이다

"그는 오직 하나님을 사랑하는 마음으로 그 어떤 사소한 허드렛일이라도 즐거이 했다."(로렌스 형제, 하나님의 임재 연습, 두란노, 22쪽)

하나님의 일이니까, 하나님을 사랑하니까 그랬다. 허드렛일들, 집안을 청소하고, 부엌을 깨끗이 하며, 앞마당을 깨끗이 쓰는 일 그리고 밥을 하고 빨래를 돕는 것도 사랑하였다.

하나님을 사랑하는 사람들은 그렇게 한다. 심지어 더럽고 힘든 일, 변소를 청소하든 무엇을 하든 즐거워한다. 무엇을 하든 열심히 한다. 그로 인해 얻게 되는 것을 사랑하는 주를 위해 쓸 수 있기 때문이다.

오직 사랑하기 때문이다. 그때부터 사소한 일은 없다. 사랑하는 주를 위해 하는 일이기에 모든 것은 소중하고 자랑스럽다. 사랑하기 때문이다.

4

우리는 그를 힘입어 존재한다

나의 어머니는 39살이 되던 1월 13일 새벽에 남편을 잃었다. 그렇게 나의 아버지는 주무시다가 심장마비로 갑자기 돌아가셨다. 모든 것이 무너지는 순간이었다. 이 세상에는 덩그러니 나와 어머니만 남겨졌다. 그런데 기적이 왔다. 평생 교회를 다녀본 적이 없으셨던 어머니가 예수를 믿게 된 것이다.

그렇게 평생을 살아오신 어머니는 내가 목사 안수 받는 것을 보신 후 2년 만에 자궁 암으로 돌아가셨다. 세상이 볼 때 어머니는 아픔으로 가득 찬 세상을 살다 떠나신 것이다. 그러나 내가 본 어머니의 삶은 그런 삶이 아니었다. 심지어 돌아가셨을 때조차 어머님의 얼굴은 이전에 보지 못했던 완전한 평화로움이었다.

그동안 어머니가 살았던 삶의 비밀은 무엇일까? 사실 질문할 것도 없다. 어머니에게는 주님이 계셨다. 늘 새벽마다 주님을 만나러 예배당으로 가셨다. 주님은 어머니의 가장 안전한 신랑이셨다. 주님이 어머니를 살게 하신 것이다.

우리는 이렇게 주님을 힘입어 산다. 우리를 살게 하시는 그분으로 산다. 주님 없이 어떻게 이 세상을 살 수 있겠는가? 그렇지 않은가?

"우리가 그를 힘입어 살며 기동하며 존재하느니라"(행17:28)

5

우리를 사랑하신 이유는 우리가 아름답기 때문이다

진정 아름다운 자는 용서받는다. 다른 이유는 없다. 아름다우니까 그래서 눈물이 난다. 쉽게 말해 저기 들판에 홀로 핀 들꽃을 보다가 갑자기 눈물이 터지는 것은 아름답기 때문이다.

그런데 가을의 끝자락, 꽃잎은 몇 개 남지 않은, 시들고 볼품없는 들꽃. 논리적으로 그 들꽃은 아름답지 않다. 그런데 아름다웠다. 아름다움은 외적인 모습에서 오는 것이 아니었다.

하나님이 우리를 용서할 수밖에 없는 이유이다. 우리가 아름답기 때문이다. 찢기고 상처 입고 부서지고 시들었어도 우리는 언제나 아름답기 때문이다. 얼마든지 독생자 예수가 우리를 위해 죽음으로 걸어가는 것이 당연한 일인 만큼 우리가 아름답고 사랑스럽기 때문이다.

"그가 너로 말미암아 기쁨을 이기지 못하시며 너를 잠잠히 사랑하시며 너로 말미암아 즐거이 부르며 기뻐하시리라"(습3:17)

1 가장 위대한 하나님의 일은 믿음이다

6
신앙은 의지의 시작이다

주님을 좇는다는 것은 '따르고자 하는 의지'가 있어야 한다. 신앙은 의지의 시작이다. 죄에서 떠나고자 하는 의지, 거룩하고자 하는 의지. 의지가 중요하다.

물론 우리의 의지가 우리 스스로 하나님에게 이르게 한다는 의미는 아니다. 혹은 이러한 의지를 강조하는 것이 하나님의 주권을 흐리게 하지 않을까 걱정하는 이도 있겠지만, 하나님은 우리의 의지를 존중하시고 사랑하신다.

아침 첫 시작을 말씀을 읽고 기도하는 것으로 시작하는 것은 우리가 오늘 지금 선택할 수 있는 의지이다. 이것을 '하나님이 힘주시면' 하겠다는 말로 피해 가서는 안 된다.

신앙은 의지에서부터 시작한다. 그러므로 지금 이 순간 기도할 수 있고 하나님의 말씀 앞에 서고자 한다면 이미 아름다운 존재이다.

7
은혜는 낭비되고 있다

과잉이 문제다. 지나치게 넘쳐나는 감각적인 것의 과잉은 더 이상 즐거움을 느낄 수 없는 무감동의 상황을 만들었다. 우리가 어렸을 때 자장면 한 그릇은 감동의 음식이었고, 일주일에 한 번 TV에서 방영하는 주말의 영화를 보는 것은 최고의 즐거움이었다. 그러나 요즈음 자장면은 흔해 빠진 음식이 되었고 감동 같은 것은 없다. 쏟아지는 영상물과 게임 그리고 감각적인 볼거리들로 인해 우리는 감각 센서가 파괴된 것처럼, 여간한 것으로는 느낌도 없다.

교회도 마찬가지다. 수많은 교회와 수없는 설교를 접할 수 있는 크리스천들에게는 과거 부흥회나 사경회는 지금 의미가 감소하였다. 모여서 말씀을 공부하고 더 기도하기 위하여 모이던 부흥회와 사경회는 변질되어 목적성 집회를 여는 경우까지 생겨났다. 감동이 현저히 줄어들었다.

과잉이 문제다. 은혜를 낭비하고 있다. 배고프지 않은 자에게는 먹을 것을 주지 말아야 할 때가 되었는지 모른다. 비만으로 이어지거나 음식을 귀중히 여기지 않는 교만으로 드러나기 때문이다. 어쩌면 듣지 않는 자에게 말씀을 전하는 것도 그만해야 할 때가 오지 않았는지도 모르겠다. 주님의 말씀은 그런 뜻이 아니었을까?

8
기도를 잘하는 법이 있다

기도는 어렵다. 어렵지만 쉬워지는 방법은 기도를 더 많이 하는 것이다. 기도가 대화라는 것을 이해한다면 더 많이 말을 나눠야 한다는 뜻이다.

친한 사람들 사이는 그렇다. 시시콜콜한 얘기들까지 말한다. '중요한 얘기만 해. 용건만 간단히 해.' 이렇다면 이미 관계가 사무적 관계라는 뜻이다. 친구들 사이는 그렇게 하지 않는다.

더욱이 친한 것을 넘어 사랑한다면 더 많은 얘기를 하는 동시에 언제나 말하는 상태가 된다. 늘 생각하는 것이다. 모든 생각이 그 사람으로 채워졌기 때문이다. 그러므로 모든 순간이 생각하고 그리워하고 혼잣말로라도 말하고 있는 상황이 된다.

온전한 기도는 그런 것이다. 입으로 나오는 말만 기도가 아니라 이미 생각과 마음이 주님과 하나가 된 상태가 된다. 그때 기도는 자연스러워진다. 시간을 정해서 기도하는 것이 아니라 기도는 삶이 된다. 호흡이 된다. 그러므로 기도를 잘하는 방법은 주님을 사랑하는 것이다. 더 사랑하는 것이다.

9
귀신의 믿음과 다르지 않기 때문이다

우리에게 말씀이 어색하고 기도가 힘들다는 것은 익숙한 것이 아니라 낯설다는 뜻이다. 그만큼 우리는 하나님과 멀리 떨어져 있었기 때문이다. 말씀은 삶의 중심이 아니었고 기도는 일상이 아니었던 것이다.

주님을 믿는 것 같지만 실제는 믿지 않는 사람이었는지도 모른다. 입술로만 혹은 지식으로만 예수를 믿고 있었고, 예수를 교과서 속의 수학 공식같이 믿고 있었는지 모른다. 그렇다면 인격이 없는 믿음, 귀신의 믿음처럼 믿은 것이다.

"네가 하나님은 한 분이신 줄을 믿느냐 잘하는도다 귀신들도 믿고 떠느니라"(약2:19)

우리 믿음이 쓸모없는 믿음, 아무런 능력도 나타나지 않는 믿음의 이유일 것이다. 그러므로 나의 믿음은 어떤 모습인지 찬찬히 돌아봐야 한다.

10
세상이 채워진 까닭에 하나님을 모르는 것이다

착호상이위실(鑿戶牖以爲室) 문과 창을 내어 방을 만들지만
당기무(當其無) 그 안이 비어있는 까닭에
유실지용(有室之用) 방으로 사용되는 것이라
- 노자의 도덕경 11장 -

우리는 채움으로 더 많이 소유하게 된다고 오해한다. 세상이 추구하는 채움 방식이다. 그 순간 우리는 이 세상을 채우는 것이다.

그렇게 채워지면 우리 안에 다른 것, 질적인 다른 존재이신 하나님이 들어올 공간은 사라진다. 세상이 채워지므로 하나님이 들어올 자리, 방이 사라진 것이다.

"내가 문 밖에 서서 두드리노니 누구든지 내 음성을 듣고 문을 열면 내가 그에게로 들어가 그와 더불어 먹고 그는 나와 더불어 먹으리라"(계3:20)

세상이 채워진 까닭에 하나님을 모르게 된 것을 눈치채지 못했는가?

11
죄 때문에 멀리하시는 것이 아니라 더 가까이하신다

죄는 두렵고 위험한 것이지만 하나님을 방해하지는 못한다. 하나님은 언제나 우리에게 오실 수 있다. 주님께서도 같은 말씀을 하셨다.

"나는 의인을 부르러 온 것이 아니요 죄인을 부르러 왔노라"(막2:17)

사단의 공격은 기만과 사기 그리고 왜곡이란 방법을 쓴다. 우리 죄 때문에 하나님은 우리를 사랑하지 않는다는 메시지를 속삭인다. 사실이 아니다. 사람들이 본 주님의 모습은 "세리와 죄인의 친구"(눅7:34)였다. 죄 때문에 멀리하신 것이 아니라 죄 때문에 더 가까이하신 것이다.

우리에게 필요한 것은 죄인이라도, 죄를 지으면서라도 주님께 나아가는 것이다. 우리가 우리 죄를 해결하지 못하는 것을 주님은 아시기 때문이고, 그의 십자가 죽음으로 우리 죄를 먼저 해결하셨기 때문이다. 그러므로 주님께 나아가는 것이 회개이고 죄 사함의 시작임을 잊지 말아야 한다.

"오너라. 우리 허심 탄회하게 이야기해 보자. 너희 죄가 주홍 같을지라도 눈과 같이 희게 될 것이며 진홍같이 붉을지라도 양털처럼 될 것이다."(현대인의성경/사1:18)

12
가장 위대한 하나님의 일은 믿음이다

하나님을 위해 할 수 있는 무슨 대단한 일이 있다고 우리는 생각한다. 하지만 우리가 하나님께 기여할 수 있는 것은 없다. 그분은 존재 자체로 완전하시기 때문이다.

우리가 할 수 있는 가장 위대한 일, 주님이 가장 기뻐하시는 것은 무슨 현상적인 일이 아니라 믿는 것이다.

"하나님께서 보내신 이를 믿는 것이 하나님의 일이니라"(요6:29)

그분을 사랑하는 것, 그분에게 기대는 것, 믿는 것이 가장 위대한 하나님의 일이다.

13
아무도 보지 않을 때를 다시 정의해야 한다

사람은 물을 엎지르고 난 후에 후회하고 잘못했다고 고백한다. 그러나 물을 엎지르는 것이 쉬운 일은 아니다. 일 년에 몇 번이나 했는지 세어보면 알 수 있다. 시간이 쌓이면 더욱 그것이 힘들다. 익숙하고 능숙해지기 때문이다.

이러한 의미로 치명적 실수나 잘못을 하기는 더 힘들어진다. 그러므로 실수, 그것도 반복된 실수를 하고 있다면 그때 실수는 실수가 아니라 라이프 스타일이 되었기 때문이다.

부패한 존재가 된 것이다. 양심이 화인 맞은 상태로, 양심이 있는 것처럼 보이지만 양심이 작동되지 않기 때문이다. 불의와 거짓 그리고 불법적 행위들이 자연스러워진다. 물론 표면적으로는 그렇지 않지만 아무도 보지 않을 때 모든 더러움이 자연스럽게 나온다.

그런데 아는가? 아무도 보지 않을 때란, 오히려 어떤 공동체에서든지 권력을 갖고 있어서 자신이 모든 결정할 수 있을 때이고, 부유해져서 돈 앞에 사람들이 고개를 숙일 때이며 심지어 하나님 외에 누구도 건들 수 없는 거룩한(?) 담임목사나 위대한(?) 장로가 되었을 때라는 사실 말이다.

가장 위대한 하나님의 일은 믿음이다

14

정확한 메시지를 품고 있어야 한다

우리는 매우 정확하게 주님을 드러내는 편지가 되어야 할 책임이 있다. 그 편지 속에 이상한 메시지가 들어있어서는 안 된다. 다른 편지, 다른 복음이어서는 안 된다. 그러므로 우리는 늘 자신이 갖고 있는 편지가 왜곡되었거나 변질된 것은 아닌지 늘 돌아봐야 한다.

정확한 메시지여야 한다. 우리의 말만이 아니라 우리의 삶이 그 메시지를 드러내야 한다. 어떤 형태든지 주님이 드러나는 크리스천 행동가가 되어야 한다.

세상이 하나님께로 돌아오기 힘든 이유는 너무 의미 없는 메시지가 난무하기 때문이고, 그 메시지가 보이지 않기 때문이니까.

> "너희는 우리의 편지라 우리 마음에 썼고 뭇 사람이 알고 읽는 바라"(고후3:2)

15
대강 믿고 대강 추구해서는 안 된다

나쁜 습관도 있지만 좋은 습관도 있다. 좋은 것도 익숙해질 수 있다. 기도도 익숙해지고, 말씀을 묵상하는 삶도 익숙해질 수 있다. 익숙하다는 말은 편하고 즐겁다는 뜻이다.

내게 정말 힘들고 어렵던 청년 시절의 기도와 말씀 묵상은 지금 너무 편안하고 익숙하다. 그것이 나를 자유하게 한다. 단 하루도 빼먹을 수 없다. 마치 어머니 품 같다.

익숙해지고 편해질 때까지 기도와 말씀에 집착해야 한다. 좋은 것도 익숙해질 수 있다. 그러므로 지금 어색하고 힘든 이유는 대강 믿고 대강 추구한 까닭이다.

걱정해야 한다. 이처럼 어색한 기도와 말씀의 삶을 살다가 생을 끝나게 될지도 모르니까.

16
넘치는 죄가 영적으로 민감하게 한다

"죄가 더한 곳에 은혜가 더욱 넘쳤나니"(롬5:20)

영적으로 가장 민감해질 때가 언제였는지 생각해 보니 놀랍게도 죄가 넘쳤을 때였다. 예를 들어 현장에서 간음하다 잡혀온 한 여인이 예수로부터 놓임 받았을 때, 돌로 맞아 죽을 만큼의 죄라고 여겨지던 그때, 그녀는 살아났다. 그때 그녀는 엄청난 은혜를 누렸을 것이다. 그만큼 그리스도 예수에게 가까워진 영적인 상태가 되었을 것이다.

아이로니컬하게도 넘치는 죄가 그녀를 영적으로 민감하게 했을 것이다. 어느 누구보다도 가장 예수를 아는 순간이었을 것이다. 이처럼 죄를 지었을 때가 영적으로 민감해지는 이유는 바로 예수께서 그 죄를 사하시기 위해서 이 땅에 오셨고 죽으셨기 때문이다.

그렇다고 해서 남용해서는 안 된다. 분명 죄와 은혜는 같이 있다. 그러나 그때 확실하게 은혜로 넘어가야 한다. 그런데 여전히 그 죄 가운데 머문다면 은혜를 거절하는 것이다. 끝을 만났다는 뜻이다.

17
약하게 보이는 죄가 문제다

약하게 보이는 죄가 문제다. 그 죄를 짓기는 쉽고, 별로 심각하게 여기지 않을 수 있다. 왜 그런 것인가? 이 세상이 더 악해졌기 때문이다. 영화나 드라마 혹은 뉴스를 통해 보게 되는 지나치게 악하고 참혹한 죄가 범람하면서 우리가 짓는 죄가 약해 보여서 그렇다.

이미 십계명에 기록된 죄들조차 너무 일반화되었다. 예를 들어 간음하지 말라는 제7계명은 법적으로 심각한 죄로 취급되지 않는다. 그렇다면 죄가 아닌가? 그때는 죄이고 지금은 죄가 아닌가?

언제나 죄였다. 하지만 범람한 상태가 대수롭지 않은 죄처럼 여기게 하였다.

그러므로 죄는 하나님 앞에서 절대적으로 봐야 한다. 신앙도 마찬가지다. 퇴락하는 신앙의 사람들을 보면서 자신의 신앙을 착각해서는 안 된다. 우리의 기준은 언제나 하나님의 말씀이어야 한다.

18
내면의 치열한 싸움은 시퍼렇게 살아있다는 뜻이다

견딜 수 없는 내면의 치열한 싸움은 살아있다는 것, 내면의 고독이 있다는 증거이다. 그 갈등으로 슬퍼하게 된다. 근심하고 죽을 것 같은 고통을 느낀다.

> "나는 속사람으로는 하나님의 법을 즐거워하나, 내 지체에는 다른 법이 있어서 내 마음의 법과 맞서서 싸우며, 내 지체에 있는 죄의 법에 나를 포로로 만드는 것을 봅니다. 아, 나는 비참한 사람입니다. 누가 이 죽음의 몸에서 나를 건져 주겠습니까?"(새번역/롬7:22-24)

그래서 고통스럽다. 밤을 새워 자신의 몸을 치며 고민하다가 새벽을 만나기도 한다. 이런 나를 하나님이 어떻게 생각하실지 부끄러워지고 두려워진다.

그렇지만 다행이다. 그 고통의 이유는 하나님을 열망하는 본래적 자아가 아직 시퍼렇게 살아있다는 뜻이다. 이것이 생명이다.

19

게으른 자들이 더 바쁘고 더 피곤하다

게으른 자들은 바쁘다. 늘 미뤄두는 삶을 살다가 시간의 끝이 오면 마쳐야 하니까 그렇다. 더욱이 그 쌓여있는 일들 때문에 마음은 늘 바쁘고 분주하고 지쳐있다. 게으른 자들이 더 바쁘고 더 피곤한 이유다.

그렇다면 나의 바쁜 것이 혹시 게으름으로 인한 것은 아닌지 깊이 돌아볼 필요가 있다. 만약 그런 것이라면 바쁘지 않게, 쉼을 누리며 살려면 게으름에서 벗어나면 된다. 적극적으로 삶의 시간을 디자인하고 여유 있게 일을 하면 된다.

이처럼 미리 준비하는 것은 바쁜 것이 아니다. 아직 시간이 많이 남아 있기 때문에 여유가 생기고 쉼이 있다. 물론 미리 준비하기 때문에 바쁜 것처럼 보이지만, 이는 여유 있는 바쁨이다. 마감에 쫓겨서 하는 것이 아니라 내가 주도적으로 나를 살아가는 것이기 때문이다.

가장 위대한 하나님의 일은 믿음이다

20
하나님을 믿지만 하나님이 아니었다

침묵으로 하나님을 대면할 때 우리는 평안을 만나지만 더 깊이 들어갈수록 우리는 불안해진다. 우리 자신을 직면하기 때문이고 하나님이 도전하시기 때문이다. 어떤 자유를 택해야 하는 시간을 마주친 것이다.

키에르케고르는 이것을 '불안이 가지고 있는 자유의 가능성'이라 하였다. 흔들리기 때문이다. 그때 내가 살던 자리에서 일어나 다른 선택을 해야 하기 때문이다. 사실 주님이 오셔서 제자들을 부르신 것도 불안이었다. 그들은 무엇을 결정하여야 했다. 불안이 자유의 가능성을 연 것이다.

그러나 우리는 이 세상에서 안정적 삶을 추구한다. 부와 성공, 영광과 쾌락 그리고 행복과 안정을 추구하고 이루는 것을 신앙의 목적으로 삼는다. 이와 같은 것들에 집착한 까닭에 우리는 금송아지 하나님을 만든 이스라엘처럼 내 마음대로 반응하는 하나님을 믿으려 한다. 가짜 하나님을 만든 이유이다. 하나님을 믿지만 하나님이 아니었다.

> "아론이 그들의 손에서 금 고리를 받아 부어서 조각칼로 새겨 송아지 형상을 만드니 그들이 말하되 이스라엘아 이는 너희를 애굽 땅에서 인도하여 낸 너희의 신이로다"(출32:4)

21

우리가 하나님을 위해 할 수 있는 일이 없지만 있다

하나님께서 이 세상을 창조하셨고 이 세상 모든 것이 하나님에게 속한 것임을 아는 사람들은 마이클 몰리노스의 말이 이해될 것이다.

"우리가 하나님을 위해 할 수 있는 일이란 없습니다."(마이클 몰리노스, 영성 깊은 그리스도인, 요단, 23쪽)

하나님은 인간이 아니시다. 우리가 원하는 물질적인 것을 하나님은 원하시지 않는다. 그런 까닭에 우리가 하나님을 위해서 할 수 있는 것은 없다.

하지만 있다. 바로 우리 자신이다. 하나님이 우리를 죽기까지 사랑하시기 때문이다. 그래서 우리가 하나님을 위해 할 수 있는 일이 있다. 하나님을 사랑하는 것이다. 그러므로 어떤 것도 구하지 않고 오로지 침묵함으로 하나님을 사랑하여 간절함으로 기다리는 것이 우리가 할 수 있는 최고의 선물이다.

22
고독하지만 하나님과 함께 하는 고독은 행복하다

하나님과 가까워질수록 외로움은 깊어져간다. 사람들과 세상의 즐거움을 거리 두고 하나님께로 가까이 가기 때문이다. 홀로 있기 때문이다. 영적인 고독이다.

그런데 고독하지만 이상하게도 슬프지 않다. 오히려 기쁨이 온다. 고독하지만 하나님과 함께 하는 고독이기 때문이다. 하나님이 주시는 평안에 사로잡힌 고독이기 때문이다.

> "나의 평안을 너희에게 주노라 내가 너희에게 주는 것은 세상이 주는 것과 같지 아니하니라"(요14:27)

그러므로 고독할 때, 홀로 있을 때에도 하나님 때문에 행복하다면 성숙에 이른 것이다.

23
영적으로 민감한 사람 때문에 세상은 변하기 시작한다

수련은 몸에 배어 있어야 한다. 당연한 것처럼 움직이도록 몸과 마음은 길들여져 있어야 한다. 왜냐하면 수련된 몸과 마음에서 나오는 것이 '예측'하는 능력이기 때문이다. 예측할 수 있게 된다. 달리 말해서 지혜다.

예를 들어 잘 훈련된 운동선수는 예측을 잘한다. 경기를 읽는다. 마찬가지로 잘 수련된 사람은 예측이 가능하다. 저기 죄가 내게로 걸어오는 것을 안다. 그 죄를 예측한다. 그래서 그 죄에 넘어지기 전에 피한다. 다른 길, 하나님에게로 방향을 돌린다.

이처럼 내 죄에 대한 예측 그리고 사람과 세상에 대한 예측은 뛰어난 직관으로 나타난다. 죄와 세상에 넋 놓고 무너지지 않는다. 이 예측을 다른 말로 하면 '영적인 민감함'이다. 죄의 더러움을 느낀다. 악의 흉측함도 깨닫는다. 드디어 이와 같이 영적으로 민감한 사람 때문에 세상은 변하기 시작한다. 그러므로 수련을 게을리해서는 안 된다. 그것이 하나님의 사람이 되는 길이기 때문이다.

24
죄가 아닌 것처럼 보이는 죄가 있다

우리는 이 세상을 산다. 사실 그냥 산다. 현재를 누리고 하나님을 인식하며 사는 것이 아니라 그냥 산다. 위험하다. 그렇게 시간을 보내다가 어느 날 시간이 사라진 것을 발견한다. 지금 내 나이가 되도록 그동안 했던 것이 무엇인지 소모된 시간을 발견한다.

분명 특별히 잘못을 범한 것은 없다. 특별히 기억나는 시간이 없을 만큼 평범하게 살았다. 그런데 어느 날 별로 무엇을 해본 적도 없이 시간의 종말을 만난다. 거의 시간을 다 써버려서 더 이상 쓸 수 없는 상황을 만나는 것이다.

더 심각한 것은 하나님을 위해서는 제대로 시간을 써본 적도 없이 더 이상 쓸 시간이 없는 상황을 만나게 되는 것이다. 그런데 다시 해보려 해도 육체는 약해져서 무엇을 하기도 힘들 뿐 아니라 정신과 생각 또한 낡고 늙어 무기력에 이른 것을 보게 된다. 영원하지 않은 시간을 너무 낭비한 것이다. 이것이 죄가 아닌 것처럼 보이는, 중요한 죄였다.

우리가 죄를 짓든 안 짓든 하나님은 우리 안에 계시다

> "너희는 너희가 하나님의 성전인 것과 하나님의 성령이 너희 안에
> 계시는 것을 알지 못하느냐"(고전3:16)

하나님이 우리 안에 계시기에 우리는 쉽게 살 수 없다. 우리가 힘든 이유다. 그러므로 우리가 죄를 고민하고 힘들게 버티며 살고 있다면 제대로 살고 있는 것이다.

또 한 가지 잊지 말아야 할 것은 우리가 죄를 지을지라도 하나님이 우리 안에 여전히 내주하고 계시다는 점이다. '죄를 지은 상태이든 아니든 하나님이 우리 안에 계시다!' 이것을 잊지 말아야 한다.

그렇다면 죄를 지으나 안 지으나 차이가 없는가? 그렇지 않다. 죄를 범할 때 곧 우리가 더럽혀지는 것은 하나님의 성전을 더럽히는 것이기 때문이다. 그런 까닭에 당장은 아니지만 바울의 표현처럼 "이제 심판의 날이 오면"(공동번역/고전3:13) 돌아갈 수 없을지 모른다.

> "누구든지 하나님의 성전을 더럽히면 하나님이 그 사람을 멸하시
> 리라 하나님의 성전은 거룩하니 너희도 그러하니라"(고전3:17)

그러므로 죄를 방임해서는 안 된다. 우리가 무감각해질 수 있기 때문이다. 심지어 죄를 짓고 있는 것조차 인식하지 못하는 상태에 이를 수 있기 때문이다.

26

세상을 향한 속도를 반으로 줄여라

속도를 반으로 줄여라. 걷는 속도를 반으로 줄이고 말하는 속도를 반으로 줄여라. 밥 먹는 속도를 반으로 줄이고 드라마를 보려는 속도도 반으로 줄여라.

속도를 반으로 줄인 그 틈새에 그리스도를 생각하고 말씀 묵상을 넣어두라. 그 빈틈 새에 침묵을 정착하라.

세상을 향한 속도는 반으로 줄이고 그 줄어든 시간에 그리스도로 채우라.

27

우리의 성취는 죄의 힘의 결과였을지 모른다

"내가 원하는 바 선은 행하지 아니하고 도리어 원하지 아니하는 바 악을 행하는도다 만일 내가 원하지 아니하는 그것을 하면 이를 행하는 자는 내가 아니요 내 속에 거하는 죄니라"(롬7:19-20)

'원하지 아니하는 그것을 할 만큼 강력한 것'이 내 안에 있다. 바로 '죄'다. 강력한 힘으로 존재한다. 나를 몰아붙이는 힘, 내가 거절하지 못하는 힘이다. 이처럼 '내 안에 있는 죄에 힘이 있다'라는 사실은 놀랍다.

그러고 보면 상당 부분 우리의 성취는 내 안에 있는 '죄의 힘'의 결과였을지도 모른다. 예를 들어 내 친구에 대한 질투와 비교로 인한 분노가 내가 지금 이룬 성취의 동기를 주었을 수 있기 때문이다. 죄가 나를 움직이게 하는 동력이었던 것이다.

그렇다면 우리가 이룬 일이 온전하다고 할 수 있는지 질문이 생긴다. 죄에 기초한 것이기 때문이다. 모든 것을 이루었던 어느 날 허무에 이르는 이유일 것이다.

1 가장 위대한 하나님의 일은 믿음이다

28
바쁘다고 해서 숨을 쉬는 것을 멈출 수는 없다

잘 알고 있다. 너무 바빠서 주의 거룩함에 참여할 수 없다는 것 말이다. 그런데 시간을 낼 수 없는 것도, 기회가 나지 않는 것도 영성이다. 영성이 깊어지지 않는 치명적인 방해물은 '바쁨'이다. 분명히 어쩔 수 없을 것이고, 너무 바쁠 것이다. 부득이하게 시간을 낼 수 없을 것이다. 아, 아쉽지만 그것이 영성의 깊이다.

> "그러나 초대받은 사람들은 한결같이 못 간다는 핑계를 대었다. 첫째 사람은 '내가 밭을 샀으니 거기 가봐야 하겠소. 미안하오.' 하였고 둘째 사람은 '나는 겨릿소 다섯 쌍을 샀는데 그것들을 부려보러 가는 길이오. 미안하오.' 하였으며 또 한 사람은 '내가 지금 막 장가 들었는데 어떻게 갈 수가 있겠소?' 하고 말하였다."
>
> (공동번역/눅14:18-20)

이 세상 사는 동안 과연 바쁘지 않은 날이 있을까? 하나님과 만나는 것은 시간적인 것이 아니다. 그것은 우선순위의 문제도 아니다. 숨을 쉬는 것 같은 것이다. 우리의 존재방식인 것이다. 그런데 우리는 숨을 쉬지 않는 것처럼 산다. 그렇게 신앙한다.

29
무지한데 착각까지 하고 있다

우리는 무지하다. '무지하다'라는 것이 어린아이들처럼 깨끗한 상태를 말하는 것이 아니다. 무지한데 악하기까지 하다. 인간 문명이 진화하면서 교묘한 자기 위장을 배운 것이다. 과연 우리는 하나님을 온전히 믿고 있는 것일까?

그런데 스스로 잘 믿고 있다고 생각한다. 착각인 것도 모른다.

예배당이든 세상이든 그 어디든 하나님 없이 행동하는 것을 보면 그 무지는 극치를 달리고 있다. 더욱이 '청력'도 잃어 하나님의 음성을 듣지 못하고, '시력'을 잃어 안하무인으로 행동한다. 보지도 못하고, 알지도 못하고, 듣지도 않는 무지함. 끝이 보이지 않는 나락으로 떨어지고 있는데, 그것조차 인식하지 못한다.

> "너는 이 백성에게 가서 그들은 계속 들어도 깨닫지 못하고 계속 보아도 알지 못한다고 말하라."(현대인의성경/행28:26)

30
과로는 폭력이다

'과로는 폭력이다.' 토마스 머튼의 말이다. 과로의 초점이 노동에 있기 때문이다. 더욱이 그 노동의 지향점이 부와 성공이기 때문이다.

부라는 것, 사람들이 오해하고 있다. 많은 부를 소유하면 기막힌 안락이 올 것이라 생각한다. 그런 환상으로 지나치게 일한다. 실제로 지나치게 과로하여 얻은 것이 그런 부일 수 있다. 그런데 지나치게 피곤함을 경험한다.

마치 얻어맞은 것 같은 피로감, 자신에게 폭력을 행사한 것 같은 결과를 경험한다. 그래서 자신도 모르게 무기력한 쉼이거나 과도한 쾌락을 택한다. 이것이 세상이 요구하는 속임수인 것을 모른다.

진정한 쉼은 영적인 삶이다. 이 세상이 정한 시스템대로 살지 않고 가난하더라도 지금을 누리며 하나님이 주시는 평안으로 사는 것이다. 오늘 쉼을 택함으로 약간은 청빈하게 되겠지만 하나님과 동행하는 삶을 사는 것이다.

큐티할 시간도 있고, 기도 시간도 충분히 가질 수 있으며, 가족과 식사를 함께 할 수 있으며, 같이 여행도 떠날 수 있다. 그리고 함께 예배하는 것. 이것이 진정한 삶인 것을 사람들은 모른다.

31
하나님을 열망하는 것은 하나님을 알기 때문이다

하나님을 열망하는 것은 하나님을 알기 때문이다. 모르는 것을 열망할 수는 없다. 예를 들어 상사병에 들 만큼 보고 싶고 열망하여 밤새도록 잠을 자지 못하는 자가 있다면 그(그녀)를 알았기 때문이다. 알기 때문에 열망하는 것이다. 정확히 말해서 알아갈수록 열망한다.

그러므로 지금 나의 하나님을 추구하는 상태가 희미하다면 그 이유 중의 하나는 하나님을 깊이 알지 못하기 때문이다. 하나님을 아는 것은 의식이나 도그마가 아니라 하나님을 경험하는 것이어서 그렇다.

그런데 하나님을 모른다. 그만큼 열망하지도 사랑하지도 않기 때문인 것을 모른다.

2

죽기 전에 죽어야 한다

1

반복해도 괜찮은 것 같지만 죄는 죄다

누구에게나 '그 죄'가 있다. 자신에게만 특성화된 죄이다. 자신이 쉽게 넘어지는 죄이다. 이미 오랜 날 동안 그 죄를 범해 온 까닭에 매우 교묘하게 합리화되어 있는 죄가 되어 있다. 수많은 날을 회개했어도 여전히 위력적이며 익숙한 죄로 작용한다.

그래서 문제다. 익숙한 까닭에 '그 죄'를 그렇게 심하게 여기지 않는다. 특히 '그 죄'를 반복해서 짓더라도 별문제가 없어 보인다. 그래서 어느 날부터인가 함께 사는 죄가 된다.

더 큰 문제는 너무 익숙하고 반복된 까닭에 아예 '그 죄'를 죄처럼 여기지 않는 것이다. 심지어 죄가 아니라고 생각한다. 그렇다면 하나님이 잘못하신 것인가? 반드시 징계해야 하는가? 그래야 돌아설 수 있는 것인가?

2
죄는 단순한 것이 아니다

죄는 단순한 것이 아니다. 내가 마음먹으면 언제든지 해결할 수 있는 것이 아니다. 반복하는 죄의 습관성을 보면 알 수 있다. 그러므로 교만은 내가 죄를 해결할 수 있다는 확신이다.

매번 반복적인 죄를 지으면서도 그런 생각을 한다. 동시에 매우 빠른 속도로 죄책감에서 자신을 해방시킨다. 잊지 말라. 죄는 단순하지 않다. 어느 날 죄가 생활화되었을 때 그 죄는 본색을 드러낼 것이다. 그리고 그 죄가 나를 사로잡아 이끌어갈 때 하나님은 심판하실 것이다. 심각하게 생각해야 한다. 죄는 단순한 것이 아니다.

3
기도는 생각을 중단하는 것이다

보통 내가 생각하는 것, 내가 원하는 것을 구하는 것이 기도라고 여기지만 순수한 기도는 더 이상 구할 것이 없는 기도이다.

오로지 하나님으로 충분하다는 고백으로 모든 언어가 종식되는 기도, 그것이 순수한 기도이다. 그런 의미에서 "기도는 생각을 중단하는 것이다"(에바그리우스)라는 말은 옳다.

4
기도할 수 없는 때는 존재하지 않는다

기도는 하나님을 의식할 때 가능하다. 사람들이 기도가 쉽지 않은 이유는 하나님을 잊고 살기 때문이다. 그러다가 기도한다. 내가 필요할 때 구한다. 하나님 존재 의미가 내가 필요할 때만 있다는 뜻이다. 이처럼 우리는 하나님을 제한적으로 하나님을 인정한다. 우리 모든 삶의 하나님이라고 여기지 않는다.

그러므로 '항상 기도한다'라는 것은 모든 순간 하나님을 의식하고 하나님과 속삭인다는 뜻이다. 그래서 기도는 하나님과의 대화이다. 그러나 우리는 그동안 상호 간의 '대화'가 아니라 일방적인 '요청'과 같은 것을 하면서 기도한다고 생각하였다.

이처럼 기도가 대화인 까닭에 기도할 수 없을 때는 존재하지 않는다. 기도는 늘 하나님과 대화를 나눔으로 이뤄진 친밀함이기 때문이다. 그런 까닭에 시편 기자는 도무지 기도할 수 없을 때, 마치 죽음 가운데 있는 것처럼 느낄 때(시88:3-5), 바로 그때에도 자연스럽게 기도할 수 있었던 것이다.

> "나는 무덤에 내려가는 자 같이 인정되고... 죽은 자 중에 던져진 바 되었으며 죽임을 당하여 무덤에 누운 자 같으니이다... 여호와여 내가 매일 주를 부르며 주를 향하여 나의 두 손을 들었나이다"
>
> (시88:4-5,9)

5
기도 속에 더 깊은 기도가 있다

우리 기도의 시작은 의지적인 기도로 비롯된다. 기도 제목을 정하고 자신이 원하는 것을 두고 기도한다. 물론 이때에도 성령의 도움으로 우리는 기도하게 된 것이다.

하지만 하나님과 일치가 이뤄지면 이뤄질수록 우리의 기도는 달라진다. 하나님이 모든 것을 아신다는 영적인 인식에 이르기 때문이다. 그때부터 우리는 더욱 수동적인 기도로 나아가게 된다. 침묵의 기도이다. 오로지 하나님을 듣는다.

이와 같은 기도가 이뤄지기 시작하면 기도 속의 기도가 발생한다. 내가 기도하지만 성령의 감동으로 우리가 기도해야 할 기도가 드러난다는 뜻이다. 하나님이 원하시는 기도다. 그리고 더 깊어진 단계에서 우리는 모세가 드린 기도처럼 하나님의 뜻에 대하여 긍휼을 구하는 기도를 드릴 수 있는 경지에 이른다. 하나님은 모세의 기도를 들으시고 뜻을 변경하신 것 같은 기적을 경험하게 된다. 이처럼 기도 속에는 기도가 있고 더 깊은 기도가 있다.

6
나태한 자의 움직임은 아무런 의미도 없다

나태란 그 행동이 아무런 의미가 없는 상태를 말한다. 내가 하는 행동이나 노력이 무엇에도 영향을 끼치지 않는 상태이다.

바람이 불면 사람들은 옷깃을 여미고, 꽃이 핀 것을 보면 사람들은 미소를 짓는다. 아이들이 웃으며 뛰노는 모습에서 기쁨을 느끼고 떨어지는 낙엽을 보며 자신을 돌아본다.

이처럼 모든 행동과 움직임은 누군가에게 영향을 준다. 그런데 나태한 자의 움직임은 아무런 의미도 없다. 거기 존재해도 아무도 관심 갖지 않는다. 의미 없는 움직임일 뿐이다. 나태는 자신에게조차 아무 의미 없는 행위이기 때문이다. 그러므로 자신에게 의미 없는 존재가 다른 이들에게 의미가 있겠는가?

"문짝이 돌쩌귀에 달려 돌듯 게으른 자는 자리에 누워 뒹굴기만 한다."(공동번역/잠26:14)

침묵으로 우리는 선명해지고 분명해진다

물이 요동치고 있는 동안에 나는 그 물에 비치지 않는다. 나의 죄도, 나의 격정의 모습도 볼 수 없다. 그러나 고요해질 때 내 모습이 보이는 것처럼 침묵 속에서 우리는 우리를 보게 된다.

침묵은 내가 사라지거나 희미해지는 것이 아니라 선명해지고 분명하게 한다. 나의 모든 죄, 일그러진 자아까지 모든 것이 드러나기 때문이고 볼 수 있기 때문이다.

아직도 찰랑거리는 내면, 날아다니는 파리들 때문에 우리는 자신을 보지 못한다. 더 깊은 침묵으로 들어가야 하는 이유다. 더 깊이 들어가야 한다. 고요한 바다처럼 잠잠해지고 나의 내면이 그 수면 위로 드러날 때까지 말이다.

8
침묵은 벌거벗은 모습으로 하나님 앞에 서게 한다

고백은 쉽지 않다. 드러내고 자신의 죄를 공개적으로 인정하는 것은 거의 불가능할지도 모른다. 그래서 사람들은 어쩔 수 없을 때 그 죄를 자백한다. 그때에도 자신만 알고 있는 이전까지 지은 그 죄는 여전히 감춘다.

대체로 드러내지 않고 직시하지 않은 그 죄는 대부분 반복된다. 심지어 그 죄들은 더 깊어지고 더 변형되고 영리해진다. 아무도 보지 않았으니까, 아무도 모르니까, 우리는 더 깊이 들어선다.

비록 우리가 회개하더라도 일시적으로 의식 위로 올라오는 죄만 회개하기 때문이다. 내면에 있는 깊은 자신의 죄를 회개하지 못한다. 눌어붙어 있어 이미 자신과 동일해진 무의식에 가라앉은 죄를 회개하지 못한다. 그래서 우리는 그렇게 온전히 회개하지 못한 크리스천으로 살다가 죽는 것이다.

사실 죄가 드러나는 것은 기회다. 아직 감춰진 죄, 누가 나에게 강요하지도 않았지만 드러내는 고백, 주홍 글씨처럼 스스로 마음에 새기고 죄를 고백하는 것. 이처럼 하나님 앞에 모든 것을 드러낼 수 있는 것은 은혜의 극치이다. 그래서 침묵은 중요하다. 완전히 벌거벗은 모습으로 하나님 앞에 서게 하기 때문이다.

그때 다윗이 고백한 것처럼 "산산조각 난 마음"(시51:17)을 보게 될지도 모른다. 그러나 동시에 하나님의 용서와 은혜와 새로운 시작을 경험하게 될 것이다.

2 죽기 전에 죽어야 한다

9
영적인 사람은 일차원적인 문제로 고민하지 않는다

"영적인 사람은 "먹든지 마시든지 그리고 무슨 일을 하든지 모든 일을 오직 하나님의 영광을 위해서"(고전10:31) 하는 사람을 가리킨다."(토마스 머튼)

자유하다는 뜻이다. 하나님의 사람으로 사는 일이 자유롭다는 뜻이다. 어떤 고민이나 갈등이 있을 수 있으나 언제나 100% 하나님의 영광을 위해서, 하나님의 뜻을 추구하는 자를 말한다. 그런 의미에서 망설임이나 흔들림이 없는 것이다. 그 사람이 영적인 사람이다.

그러므로 영적인 사람은 '무엇을 먹을까 무엇을 마실까 무엇을 입을까'와 같은 매우 일차원적인 문제로 고민하지 않는다. 그런 고민이 생기지 않는다. 지배적일 수도 없다.

나는 무엇을 고민하는가? 심지어 무엇이 기도 제목인가? 영적인 사람인지 아닌지 누구에게 물어볼 것도 없다. 내가 늘 구하는 것이 나 자신이다.

밥을 먹지만 밥이 목적이 되지 않는다

영성은 어떤 대단한 옷을 입어 도드라지는 것이 아니라 하나님이 창조하신 원래의 모습을 되찾아가는 것이다. 그것은 특별한 것이 아니라 일상에서 이뤄진다. 밥을 먹고 놀고 공부하는 것같이 매우 일상적인 것에서 드러난다.

사단이 떡으로 예수님을 시험한 것은 사단의 무지일 수 있지만 분명 예수 역시 30년 동안 떡을 먹고 산 일상을 알았기 때문일 것이다. 그래서 떡의 유혹을 받을 것이라고 여긴 것이다.

사단의 오해는 떡이 목적이라고 생각한 것이다. 그러나 예수에게 떡은 목적이 아니었다. 그러므로 유혹을 받을만한 것이 아니었다. 그것을 사단은 몰랐다.

영성은 그렇다. 떡의 유혹을 받지 않는 것이다. 그것은 자연스러움 같은 것이다. 분명히 밥을 먹지만 밥이 목적이 되지 않는다. 그것이 우리의 원래 모습이다. 영성을 회복한다는 것은 그런 의미에서 이해되어야 한다.

11
죽기 전에 죽는 것이 아름다워지는 길이다

이상하게도 대부분의 사람들은 죽기 전에 진실해진다. 악랄한 삶을 살았던 자들도 그리된다. 심지어 아름다워진다.

사형이 폐지되어야 한다고 주장하는 이유는 사형 집행 전 사형수의 모습이 너무 아름답고 선하기 때문이다. '어떻게 가장 선한 순간에 사형을 시킬 수 있는가?' 하는 질문이 생기기 때문이다. '죽기 전에 사람은 아름답다!' 기막힌 일이 아닐 수 없다.

그렇다면 죽기 전에 미리 죽는 것, 모든 욕망과 세속적 추구를 내려놓고 죽을 수 있다면 아름다운 일이다. 이것 때문이다. 자기 부정, 그 행위로서의 침묵, 그것은 죽는 것이다. 나를 주장하지 않고 나를 내려놓은 것이기 때문이다.

그래서 온전히 침묵하는 자들은 아름다워진다. 매일 죽는 행위이기 때문이다.

12

집을 떠나야만 만날 수 있는 것이 있다

새로운 것은 언제나 낯설다. 사람들이 주춤거리는 이유이다. 아브라함이 아름다운 것은 새로운 것으로 나아갔다는 것에 있다.

> "여호와께서 아브람에게 이르시되 너는 너의 고향과 친척과 아버지의 집을 떠나 내가 네게 보여 줄 땅으로 가라"(창12:1)

떠나는 것은 쉽지 않다. 그동안 내가 만들어놓은 익숙한 것을 버리고 떠나는 것이어서 그렇다. 그런데 아브라함을 기다리고 있는 것은 다른 것이었다. 떠나지 않고는 만날 수 없는 것이었다. 그가 집을 떠나야만 만날 수 있는 것이었다.

> "집이란 그 안에 살기 위해 있는 것이 아니라 거기에서 나오기 위해 있는 것이다."(리처드 로어, 위쪽으로 떨어지다, 국민북스, 19쪽)

13
지금도 무엇인가는 일어나고 있다

지금 무엇인가는 계속 일어나고 진행되고 있다. 하나님이 세상을 섭리하고 계시기 때문이다. 그래서 세상은 계속 바뀌고 있다. 비록 이 세상이 사람들에 의해 움직여지는 것처럼 보여도 하나님이 붙잡고 계시다.

순간적으로 우리가 방향을 바꿀 수는 있어도, 거대한 풍랑을 만난 바다 위의 배는 그 풍랑의 방향으로 갈 수밖에 없다. 그런데 하나님은 그 풍랑 이상의 스스로 의지하는 존재이시다.

어느 순간 이 세상을 사는 것의 의미가 상실될 때가 있다. 풍랑에 휩쓸릴 때이다. 우리가 고난이라고 부르는 시간이다. 그때 내가 의지하던 것들이 사라진다. 의미 없는 것을 깨닫는다.

하지만 괜찮다. 하나님이 하나님의 사람을 붙잡고 계시기 때문이다. 그러므로 지금도 무엇인가는 일어나고 있다. 오히려 그 바다 위에 누워 하나님께 맡기면 된다. 침묵하므로 하나님을 의지하면 된다.

세상이 아무리 즐거워도 곧 지루해진다

이 세상 어떤 물질적인 것도 영원히 즐겁지 않다. 머지않아 곧 지루해진다. 아무리 맛있고 고급 희귀한 음식도 영원히 맛있지는 않다. 곧 싫증이 나고 지루해진다.

알고 보면 수없이 많은 음식의 종류와 끊임없이 쏟아지는 새로운 문화와 콘텐츠의 등장은 우리의 지루함 때문에 생긴 것이다. 그러나 세상이 아무리 즐거워도 이마저도 곧 지루해진다.

하나님이 창조하신 우리는 이러한 세상의 것들로 만족될 수 없다. 내면적인 진실한 욕구는 그 어떤 것으로도 충족되지 않는다. 어머니의 품 안에서만 비로소 만족을 누리는 아이처럼, 우리에게 하나님 외에는 방법이 없다.

그래서 지루하다. 곧 세상이 지루해지는 것이다. 그런데 대부분이 이 지루함을 알게 되었을 때는 이미 사용할 수 있는 물리적 시간이 별로 남아있지 않을 때라는 사실이다. 그러므로 하루라도 빨리 이 지루함을 안다면 얼마나 좋겠는가?

15
다그치지 않아도 바람처럼 흘러간다

우리는 매일 나를 몰아붙인다. 숨이 막히도록 다그치고 가만히 내 버려 두지 않는다. 무엇을 얻으려 하는가?

눈을 감지 못한다. 누군가 나를 간과할 것 같아 그렇다.
멈출 수 없다. 누군가 나를 추월할 것 같아 그렇다.
귀를 막을 수 없다. 누군가 나를 무시할 것 같아 그렇다.

매일 치열하게 자신을 몰아붙이며 사는 이유이다. 그런데 어느 날 잃는다. 그 이유를 잊는다. 그때부터는 흘러간다. 다그치지 않아도 알아서 그리 흘러간다. 그렇게 죽는 날까지 산다.

"그 후에 내가 생각해 본즉 내 손으로 한 모든 일과 내가 수고한 모든 것이 다 헛되어 바람을 잡는 것이며 해 아래에서 무익한 것이로다"(전2:11)

16
죄가 미워진다 내가 달라진다

침묵의 수동적 기다림은 주님을 고대하는 것이고 사모하는 행위이다. 나의 가득한 욕망과 죄 된 추구들을 내려놓으며 오로지 주님을 기다리는 것이기 때문이다. 그때 성령의 임재로 인한 직관이 생긴다. 둔감하고 녹슬었던 영적 감각이 회복된다. 성령이 만지신 것이다.

"새 영을 너희 속에 두고 새 마음을 너희에게 주되 너희 육신에서 굳은 마음을 제거하고 부드러운 마음을 줄 것이며"(겔36:26)

그때 마음이 열린다. 보이지 않던 것들이 보이고 새로운 생각과 새로운 마음의 다짐이 생긴다. 이상하게 죄가 미워진다. 내가 달라진다.

17
하나님을 모름으로 하나님을 안다

"수사가 자신을 또한 자기가 기도하고 있다는 사실을 더 이상 의식하지 않을 때 가장 순수한 기도를 드리는 것이다."(토마스 머튼, 묵상의 능력, 두란노, 74쪽)

자신이 자신의 기도를 의식하지 않는다는 말은 자신의 숨은 동기나 욕망이 배제된 기도 상태를 말한다. 완전히 하나님과 일치가 이뤄져 무엇인가 구할 필요조차 없는 완전한 만족 상태에 이르렀다는 뜻이다.

이때 우리는 자유와 해방을 경험한다. 진리에 이른 것이기 때문이다. 말할 수 없는 평화가 임한다. 아무것도 없을지라도(無) 모든 것을 가진 상태에 이른다. 오로지 하나님으로 만족하는 단계이다. 무엇을 구할 필요 없는 완전히 만족한 상태이다.

이처럼 하나님의 임재는 내가 사라지는 현상을 동반한다. 하나님은 완전하시기 때문이다. 그 순간 우리는 "하나님을 모름으로 하나님을 안다."(디오니시우스)

18
기도할 수 없을 때 계속 기도해야 한다

우리가 오해하는 것이 있다. 기도하고 있기 때문에 불안하지 않을 것이라는 생각이다. 하지만 그렇지 않다. 기도하고 있지만 우리는 여전히 불안하다. 로렌스 형제도 그랬다. 더욱 "신령한 삶으로 깊이 나아가려 하자"(로렌스 형제, 하나님의 임재 연습, 두란노서원, 143쪽) 그에게 찾아온 것은 엄청난 죄인이라는 인식이었다. 그것은 간단히 사라지지 않았다.

> "이로부터 장장 10년 동안 깊은 두려움과 불안의 시기가 찾아오는데, 이 시기에 그는 자신의 구원마저도 자주 의심했다. 마음의 고통을 견딜 수 없어 그는 하나님께 자신의 모든 문제를 쏟아 놓곤 했다."(하나님의 임재 연습, 143-144쪽)

기도해도 해결되지 않은 죄의 고민을 했던 로렌스 형제처럼 그렇게 쉽게 죄의 기억이 사라지지 않는다. 로마서 7장의 바울의 고민도 같은 관점에서 이해될 수 있다. 하나님과의 관계가 깨어진 것은 아니었지만 계속된 것이다. 그러니까 이처럼 우리가 지은 죄는 깊이 새겨져 있다는 사실이다. 그렇다면 어떻게 해야 하는가? 기도해도 위로가 되지 않으면 어떻게 해야 하는가? 로렌스 형제가 그래도 계속한 것은 기도였다.

> "쓰라리고 어두웠던 이 시절에는 기도조차 이렇다 할 위로가 되어 주지 못했지만, 그래도 로렌스 형제는 기도를 쉬지 않았다."
> (하나님의 임재 연습, 146쪽)

19
고통을 이기는 존재는 다른 존재이다

고통은 단순하지 않다. 이길만한 고통이 있는가 하면 이길 수 없는 고통이 있다. 이길 수 없는 고통, 가끔 그 고통은 주님을 잊게 할 만큼 강력하다. 고통에 집중해야 할 만큼 고통스럽다.

그러므로 일상에서 고통이 약할 때나 평화로울 때 주님을 집중하며 사는 것이 중요하다. 이처럼 든든한 영적인 근육을 만드는 것이 중요하다. 혹시 어느 날 이길 수 없을 만큼 강력한 고통이 올 때를 위함이다.

고통을 이기는 존재, 다른 존재이다. 호들갑을 떨지 않고 조용히 그 고통을 맞아들일 수 있는 것은 이미 그저 흔한 크리스천이 아니라는 뜻이다. 그동안 충분한 수련으로 내면이 단단해졌다는 뜻이다. 고통이 없기 때문이 아니다.

20
고통은 생각의 축적물이다

고통은 생각의 축적물일 수 있다. 내가 살아온 날 동안 만들어진 내 생각의 경험으로 인해 고통이라고 정의한 고통일 수 있다.

예를 들어 늘 부요하게 살다가 하루아침에 모든 것을 잃은 어떤 사람에게는 어쩔 수 없이 먹게 된 초라해 보이는 식당의 자장면은 고통이겠지만, 끼니를 걱정할 정도로 가난하여 중국집에 한 번도 가보지 못했던 어떤 아이의 자장면은 즐거운 것과 같은 것이다. 그런 의미에서 고통은 생각의 축적물이다.

생각을 단순화시키면 고통의 실체가 드러난다. 정확히 말해서 고통이 아니라는 것이 보인다. 더욱이 하나님의 사랑 앞, 곧 예수 그리스도의 십자가 앞에 서면 고통이라고 말을 하는 것이 무의미해진다. 미안해진다.

우리의 영은 지금 상처받고 있다

어떤 목사가 중학생 딸을 때려죽이고 11개월을 방치하였다는 뉴스를 들은 후였다. 가슴이 뛰는 것을 견딜 수 없었다. 내 영이 울고 있었다.

이렇게 우리의 영은 상처받는다. 이 기막힌 세상을 살면서 아무 일도 없는 것처럼 되거나 살 수는 없다. 그래서 반복될 때마다 스스로 자신을 보호하기 위해서 고개를 돌린다. 그때마다 조금씩 무뎌진다. 우리의 영이 둔감해지는 이유이다. 혹은 완악해진다. 전혀 하나님을 인지할 수 없는 이유이다.

우리는 지금 파괴되고 있다. 이 세상이라는 거대한 시스템 속에서 우리의 영은 희미해져가고 있다. 매일 우리의 가면을 벗고 나를 덮어주는 모든 옷을 벗어던지고 하나님 앞에 벌거벗은 채로 서야 하는 이유이다. 침묵하는 이유이다. 우리가 지금 썩어가고 있으니까. 우리의 영이 상처받고 있으니까.

22
기도가 깊어질수록 우리는 달라진다

기도란 전혀 새로운 삶의 방식이다. 기도할수록 기도가 그렇게 만든다. 기도란 하나님을 의식하는 것이고 하나님을 호흡하는 것이다. 우리의 내면은 새로운 화학작용이 일어날 것이고, 우리의 세포와 모든 기관들은 하나님과 대면하는 우리 자신을 보며 다르게 행동할 것이다.

기도란 "지금 여기서 하나님과 함께 사는 삶"(헨리 나우웬, 기도의 삶, 복있는사람, 25쪽)이기 때문이다.

기도할수록, 기도가 깊어질수록 우리는 달라진다. 달라질 수밖에 없다. 우리의 모든 생활 영역에 하나님의 방식이 적용되기 때문이다. 그렇게 민감해지기 때문이다. 기도하는 자의 새로운 삶이 시작된 것이다.

23
하나님께 이끌려가도록 자신을 허용하라

우리가 하나님을 그리스도 예수로 인하여 믿고 나아갈 수 있게 되었으므로 하나님은 자녀 된 우리에게 속삭이시고 우리를 이끄신다. 끌어당기신다. 이렇게 우리 마음은 하나님을 향하게 된다. 이것이 영성이다.

하지만 죄의 자녀로 살아온 날들 때문에 하나님이 끌어당기시는 것에 막연히 반항한다. 멀리하고 싶어 한다. 막연한 반항 의식이다. 그러므로 자기 부인이란 이와 같은 경향성에 대한 포기일 것이다.

> "하나님이 끌어당기시면 우리 역시 무조건적으로 그분 앞에 나아가야만 합니다. 하나님께서 끌어당기실 때 망설이지 말고 마음껏 끌려가십시오."(잔느 귀용, 하나님을 경험하는 기도, 터치북스, 66쪽)

하나님께 이끌려가야 한다. 그런데 힘든 이유는 우리는 세상에 끌려가고 있고 우리의 관심이 세상에 있기 때문이다. 그러므로 하나님께 이끌려가는 순간이 올 때 무조건 끌려가야 한다. 하나님께 이끌려가도록 자신을 허용하라.

24

기도 소리에서 하나님이 보인다

기도는 기도할수록 깊어진다. 사랑하는 사람과의 관계가 깊어질수록 모든 것이 은밀해지듯이 하나님과의 관계도 깊어진다. 하나님의 마음을 더 깊이 깨닫게 되기 때문이다.

그때 우리의 기도는 다른 형태를 띠게 된다. 하나님의 마음을 알고 그 마음을 좇아 기도하기 때문이다. 기도의 내용이 달라지는 이유이다. 심지어 기도 소리에서도 하나님이 보인다. 기도 소리만 들어도 그 사람의 깊이를 알 수 있는 이유다.

25

기도를 하는 자는 하나님을 알기 때문이다

"이미 하나님을 만난 사람만이 하나님을 구할 수 있다."(헨리 나우웬,
기도의 삶, 복있는사람, 30쪽)

찾은 자만이, 아는 자만이 구할 수 있다. 탕자가 아버지에게로 돌아
온 이유이다. 아버지를 알기 때문이다.

"이에 스스로 돌이켜 이르되 내 아버지에게는 양식이 풍족한 품꾼
이 얼마나 많은가"(눅15:17)

알지 못하는 자가 어떻게 구할 수 있는가? 알고 있으니까, 찾은 자
니까 간절한 것이다. 아무것도 알지 못한 자가 어떻게 간절할 수가 있
는가?

진정 기도를 하는 자는 하나님을 알기 때문이고 기도를 했던 사람
이기 때문이다. 이미 찾았었고 이미 알았었는데 어떻게 기도하지 않을
수 있는가? 어떻게 간절하지 않을 수 있는가?

26
기도는 주님의 간절함에서 비롯된다

왜 우리는 기도하게 되는가? 왜 기도할 수밖에 없는가? 주님이 우리 마음을 두드리고 계시기 때문이다. 우리가 기도하기 전에 그분이 먼저 간절하시기 때문이다.

> "볼지어다 내가 문 밖에 서서 두드리노니 누구든지 내 음성을 듣고 문을 열면 내가 그에게로 들어가 그와 더불어 먹고 그는 나와 더불어 먹으리라"(계3:20)

주님이 먼저 우리보다 앞서서 기도하시기 때문이다. 결국 기도는 주님의 간절한 기도를 조금이라도 인식할 때 드러나는 것이다.

> "누가 정죄하리요 죽으실 뿐 아니라 다시 살아나신 이는 그리스도 예수시니 그는 하나님 우편에 계신 자요 우리를 위하여 간구하시는 자시니라"(롬8:34)

그래서 주님을 민감하게 느끼는 자들은 기도할 수밖에 없다. 그것도 쉬지 않고 기도할 수밖에 없다. 알고 있는데 어찌 기도하지 않을 수 있는가?

27

하나님은 우리를 떠나신 적이 없으시다

"우리 안 깊은 곳에는 하나님이 계시다. 어떤 악도 범접할 수 없는 곳이다."(안셀름 그린)

우리가 하나님으로부터 나왔기에 하나님은 우리 안에 계시다. 절대 훼손되거나 축출될 수 없는 영역에 하나님이 계시다. 우리의 죄가 관영하여 하나님이 계실 곳이 없는 것처럼 보일지라도 하나님이 우리를 떠나지 않으신다. 그러니까 아무리 많은 찌꺼기와 죄가 투척되어도 하나님의 거룩은 훼손되지 않기 때문이다.

그러므로 우리가 죄 가운데 있을 때에도 기도할 수 있는 이유는 우리 안에 하나님이 계시기 때문이다. 하나님은 우리를 떠나신 적이 없으시기 때문이다. 더욱이 성령이 중보하고 계시기 때문이다.

"성령도 우리의 연약함을 도우시나니 우리는 마땅히 기도할 바를 알지 못하나 오직 성령이 말할 수 없는 탄식으로 우리를 위하여 친히 간구하시느니라"(롬8:26)

28
하나님의 사람에게 24시간은 모자라다

하나님의 사람들은 약간 설렌 상태로 산다. 주님이 그 안에 계시니까 그렇다. 그분을 사랑하니까 그렇다.

가만히 있을 수 없다. 계획을 열심히 세우고 그 계획대로 산다. 그래서 언제나 아침은 설렘의 시작이고 밤은 아쉬움의 시간이다. 24시간만 주어진 것을 안타까워한다.

모자라다
언제나 모자라다
내게 주어진 시간
언제나 모자라다
24시간이 모자라다
모자라다

3

사람의 깊이는 훈련의 깊이다

1

공동 기도는 개인 기도를 대체하지 않는다

떼제 공동체 규칙서에 이런 글이 있다.

"공동 기도는 개인 기도를 대체하지 않는다."

그런데 기도의 삶을 추구하는 자들이 이상한 기도 총량제를 사용한다. 수요예배를 드렸으니 저녁 기도는 생략하고, 공동체 기도를 함께 하였으니 개인 기도는 생략한다. 훈련에 시간을 쏟을수록 '공(公) 예배'는 이상하게 '공(空) 예배'가 된다. 예배를 생략한다.

예배는 나를 위한 것이 아니고, 기도 역시 나를 위한 것이 아닌 것을 모른다. 또한 하나님은 우리를 위해 계시지만 우리 없이도 존재하신다는 것을 모른다. 하나님을 중심으로, 하나님을 사랑함으로 사는 것이 신앙의 깊이인 것을 모른다.

2
신앙은 나를 찾고 나로 사는 것이다

'충동'(衝動)은 자연스러운 의식이 아니다. 우리 안의 무의식에서 시작한다. 그런데 우리가 인정하고 싶지 않아도 나를 지배하는 '지배적인 충동'이 있다. 이는 엄청난 에너지이다.

> "원하는 바 선은 행하지 아니하고 도리어 원하지 아니하는 바 악을 행하는도다"(롬7:19)

그런데 어찌할 수 없다. 그 지배적인 충동을 지배할 수 있거나 통제할 수 없다. 보통 사람들은 이처럼 끊임없이 흘러나오는 충동을 따라 산다. 어쩔 수 없다고 말한다. '본능'이라는 이름을 붙인다. 이것들은 대부분 오늘 이 시대를 지배하는 물질적이고 감각적인 세계관에 의해 휘둘린다.

주님이 말씀하신 '자기 부인'이란 본능대로 혹은 충동을 따라 살지 않는 것을 말한다. 독립하는 것이다. 이 세상을 독립하여 나를 찾고 나로 사는 것이다. 다른 의미에서 독립운동가로 서는 것이다. 그것이 신앙이다.

3
죄가 두렵지 않으면 벗어날 수가 없다

지독할 만큼 죄가 두렵지 않으면, 죄에서 벗어날 수가 없다. 우리가 죄를 묵인하거나 반복하여 죄를 짓는 이유는 죄가 두렵거나 무섭지 않기 때문이다.

감사한 것은 지금 나는 죄가 두렵다는 것이다. 부끄러운 정도가 아니라 지독할 만큼 두렵다. 나를 위해 저주받은 주님을 생각하면 더욱 혐오스럽다. 주님의 무한한 사랑 앞에 서면 더욱 마음이 아프다.

그래서 하나님의 사람들은 죄를 두려워하였고, 그 죄를 짓는 자신을 가만히 두지 않았다. 십자가에 그 죄를 못 박았다.

"그리스도 예수의 사람들은 육체와 함께 그 정욕과 탐심을 십자가에 못 박았느니라"(갈5:24)

4
침묵으로 하나님을 호흡한다

침묵은 숨이다. 하나님이 사람을 창조하실 때 하신 행위가 숨결이었다.

> "흙으로 사람을 지으시고 생기를 그 코에 불어넣으시니 사람이 생령이 되니라"(창2:7)

하나님의 숨결이 우리 안에 있는 까닭에 우리가 숨을 쉴 때 하나님을 경험하는 것이 당연하다. 숨결을 느끼는 것, 많은 영성가들은 숨결 속에 깃든 하나님을 경험하였다. 그러므로 숨을 주의하는 것이 침묵에서는 매우 중요하다.

천천히 깊게 들이마시고 천천히 차근차근 내쉰다. 하나님을 묵상한다. 하나님을 호흡한다.

접근 정도가 아니라 일치에 이르도록 추구해야 한다

더 깊이 주님과 만날수록 스스로 주님과 멀어지려 하는 자신을 발견하게 된다. 사회심리학자 쿠르트 레빈의 이론을 빌려 설명하면 '접근과 회피 갈등'이다.

접근, 주님께 가까워지는 것만큼, 회피, 내가 누리고 있던 모든 즐거움을 뺏길지도 모른다는 두려움 때문에 갈등이 일어나는 것이다.

주님으로 인한 새로운 나로 사는 것과 이미 죄에 길들여진 세상에 익숙한 나의 갈등인 것이다. 접근과 회피 갈등이다. 이는 이스라엘이 범했던 갈등이었다.

> "너희가 어느 때까지 둘 사이에서 머뭇머뭇 하려느냐 여호와가 만일 하나님이면 그를 따르고 바알이 만일 하나님이면 그를 따를지니라"(왕상18:21)

그런데 무서운 것은 이 갈등의 종착역이 회피를 넘어 놀랍게도 기피가 되는 경우가 발생할 때이다. 그러므로 접근 정도가 아니라 더 가까이 그리고 결국은 일치에 이를 때까지 추구해야 한다.

6
사형에 해당하는 죄를 방치해서는 안 된다

영화 '빠삐용'을 보면 억울하게 판결을 받고 홀로 격리된 감옥에 갇힌 채 죽음을 기다리던 빠삐용이 꿈을 꾼다. 그는 꿈에서 자신을 재판한 재판관들을 만난다. 그때 빠삐용은 그들에게 자신의 억울함을 호소했다. 그런데 놀랍게도 재판관은 그 사실을 알고 있었다.

'그건 사실이다. 넌 살인과는 관계없어!'

하지만 재판관은 빠삐용이 부정할 수 없는 치명적인 죄목을 빠삐용에게 들이댔다.

'그런데 너는 인간으로서의 가장 중죄, 곧 인생을 낭비한 죄로 이곳에 있어야 한다.'

인생을 낭비한 죄, 그렇다면 예수 그리스도의 희생으로 구원받은 우리가 이 소중한 인생을 낭비할 수는 없다. 만일 그렇게 살고 있다면 또 다른 의미의 사형이 아니겠는가?

7

나태는 교만이다

나태는 교만이다. 자기 안에 자신을 위한 견고한 성을 만들고 거기에 누워있는 철저한 자기 연민이다. 그러다 '솥 안의 개구리'(frog in the kettle) 같은 신세가 되어도 눈치채지 못한다. 나태의 가장 큰 문제는 무감각이기 때문이다.

어느 날 불은 지펴지기 시작한다. 당장은 미지근하거나 따뜻한 것이 좋아서 "문짝이 돌쩌귀를 따라서 도는 것 같이"(잠26:14) 산다. 나태한 까닭에 심각함을 인식하지 못한다.

'괜찮겠지. 좋아지겠지.' 스스로 자신을 위로하고 정당화시키는 일을 계속한다. 그러다 뜨거워지고 있지만 일어설 힘이 없다. 나태한 삶의 결론이다. 누가 손을 내밀어도 그 손을 잡을 마음도 없다. 자기 안에 갇혀 있는 채로 교만한 자가 되었기 때문이다.

> "게으른 자는 사리에 맞게 대답하는 사람 일곱보다 자기를 지혜롭게 여기느니라"(잠26:16)

그 솥 안에서 무기력한 종말을 만난다. 누군가를 원망하면서 인생 전체를 투덜대면서 종말을 만난다. 그런데 이렇게 살 수 없는 일 아닌가?

> "이 모든 것이 이렇게 풀어지리니 너희가 어떠한 사람이 되어야 마땅하냐"(벧후3:11)

_3_ 사람의 깊이는 훈련의 깊이다

8
내가 멈출 때 하나님이 알게 하신다

"너희는 잠깐 손을 멈추고 내가 하나님인 줄 알아라."(새번역/시46:10)

내가 멈출 때 하나님이 알게 하신다. 하나님이 하나님이시라는 사실을 말이다. 그러니까 멈추라는 말씀은 자기주장과 자기 계획을 내려놓으라는 뜻이다.

그런데 우리는 멈추지 않는다. 생각을 멈추지 않는다. 침묵하지 않는다. 가뜩이나 어리석고 무지하고 부족하고 미성숙한 사람인데 자기를 주장한다. 자기만 말을 한다.

그래서 불가능하다. 하나님의 언어를 들을 수 없다. 물론 멈춘다고 알 수 있는 것도 아니지만 멈춘다는 것은 '듣겠나이다'라는 신앙고백인데, 멈추지 않는다는 것은 아예 자기 생각대로 하겠다는 뜻이기 때문이다. 그러므로 이처럼 말할 수 있다면 얼마나 아름다운 일인가?

"말씀하옵소서 주의 종이 듣겠나이다"(삼상3:10)

9

침묵할 수 없다면 완전한 함성을 지를 수 없다

자유를 위해서 구속이 필요하다. 만일 미리 자유를 사용하면 그 써버린 자유가 나를 구속한다. 그러므로 주를 사랑함으로 스스로 자유를 구속한 자들이 아름다운 이들이다. 스스로 종이 되겠다고 귀를 문설주에 박은 이들처럼 말이다.

그러므로 작은 일에도 자신을 절제하고 제어할 수 없다면 평생 우리에게 자유는 주어지지 않을 것이다.

40년 광야 생활을 하는 동안 이스라엘은 침묵해야 했고 그것의 완성은 가나안 첫 성 여리고를 돌면서 이뤄졌다. 그들은 온전히 침묵할 수 있었다. 그래서 함성을 지를 수 있었다. 하나님만 듣는 침묵이 이뤄진 함성은 기적이 되었다.

"너희는 외치지 말며 너희 음성을 들리게 하지 말며 너희 입에서 아무 말도 내지 말라 그리하다가 내가 너희에게 명령하여 외치라 하는 날에 외칠지니라"(수6:10)

3 사람의 깊이는 훈련의 깊이다

10

무가치하다는 생각도 하나님 앞에 내어놓아야 한다

자신이 연약하고 무가치하다는 생각에 깊이 빠지는 이유는 그동안 삶의 주인공이 자신이었기 때문이다. 내가 중심이 되어 자신을 위해 자기 연민으로 내가 스스로 살아왔다는 뜻이다. 그러다 좌절을 경험하자 무가치함을 느낀 것이다.

그것이 언제인지 모르지만 처음에 우리는 스스로 할 수 있다는 생각을 한다. 그것이 하나님 없이 교만으로 발전되기도 한다. 그러다가 진짜 무기력함을 느낄 때 좌절하는 것이다.

그러므로 답은 분명하다. 지금에라도 하나님에게 집중해야 한다. 나의 연약함도, 어리석음과 무가치함도 모두 하나님에게 솔직히 내어놓고 나아가야 한다.

다윗이 그랬다. 자기 마음대로 살던 다윗, 어쩌면 죄를 이기고 스스로 완전할 수 있다고 생각했는지 모른다. 하지만 그가 만난 것은 무가치함과 죄악이었다. 그렇지만 나단 선지자를 만나고 난 후 그는 다시 하나님께 나아간다. 하지만 그의 손에는 자신의 "상한 심령"(시51:17)이 들려 있었다. 그것이 다윗의 새로운 시작이었다.

기도가 재미있다

하나님을 사랑한다면 재미있을 것이다. 사랑이 지겨울 리가 없다. 기도는 말할 것도 없다. 사랑하기 때문에 밤이 새도록 얘기해도 지루하지 않은 것처럼 기도 역시 재미있을 수밖에 없다.

우리의 기도가 힘들고 재미없고 지루하다면 정확하게 말해서 사랑의 문제가 있는 것이다. 진실로 하나님을 사랑하고 있지 못하기 때문일지도 모른다. 입에만 사랑이 있고 실제는 사랑하지 않는 것일지도 모른다. 사랑이라고 말하지만 사실은 무서움과 엄격함이거나 지겨움일지도 모른다. 원래 사랑은 재미있는 것이니까.

사실 내게 기도는 의무였고 책임이었다. 어느 정도 맞다. 그런데 어느 날부터인가 기도가 재미가 되었다. 그때마다 하나님의 사랑을 경험한다. 이제야 목사가 된 것 같다. 그러므로 물어보라. 기도가 재미있는가?

12
이것이 영성(靈性)이다

우연히 쉬게 되었는데 예배하다.

심심해서 성경을 읽다.

한가해서 기도를 하다.

갈 곳이 없어 교회를 가다.

TV를 보다가 그냥 끄다.

저녁 침묵하며 동네를 걷다.

주일 예배는 숨 쉬는 것 같다.

언제나 이렇다.

약간은 불경스러워 보이지만 자신의 영성을 알 수 있는 지점이다. 이렇게 살고 있다면, 이것이 자연스럽다면 제대로 된 영성을 가졌다고 말할 수 있다. 하지만 대부분의 사람은 이렇게 행동하지 않는다. 대부분 이 순간에 죄를 범하고 더러워지고 하찮아진다. 나는 어떠한가?

13

침묵은 생각이 흘러나가도록 여는 통로이다

어떤 생각도 오래 머물지 않는다. 새가 노래하다 날아가듯이 우리 안에 있어도 흐르는 바람에 날려가게 둘 수 있다. 그러면 사라진다.

그런데 사라지지 않았다. 놀랍게도 어느 날 그 생각이 불쑥 내 안에서 고개를 내밀기 때문이다. 내 안에 있었다. 그러니까 내가 붙잡고 있었던 것이다. 미련이든, 사랑이든 아니면 트라우마든 내가 허용한 것이다. 나의 길을 막는 장애물이 된 것이다.

처음 그리고 매일 그 생각들이 머물지 않게 길을 내줘야 한다. 나가게 도와줘야 한다. 매우 조심스럽게 그러나 진심으로 길을 열어줘야 한다. 그때 생각들은 정말로 오래 머물지 않을 것이다. 우리를 구속하지 않을 것이다.

침묵이 도와줄 것이다. 침묵은 생각이 흘러나가도록 여는 통로가 되기 때문이다. 그렇게 생각은 우리가 내어준 그 길을 따라 떠나므로 우리를 자유케 할 것이다.

14

제대로 떨어져야 한다

"아래로 떨어진, 그것도 잘 떨어진 사람들이 위로 올라갈 수 있고 그 '위'를 오용하지 않을 수 있는 유일한 사람들이다."(리처드 로어, 위쪽으로 떨어지다, 국민북스, 27쪽)

지금 현재를 제대로 사는 사람들은 과거를 제대로 기억한 사람들이다. 과거 비참하게 떨어지고 무너졌던 일들을 제대로 해석하고 기억한 사람들이다. 제대로 떨어진 사람들이란 뜻이다. 확실하게 떨어져 그것을 온전히 이해하고 받아들인 사람들이다. 하지만 대부분의 사람들은 자기방어기제를 사용하여 자신을 변호하고 위로하느라 제대로 해석하지 않을 뿐 아니라 위조하거나 변형시킨다. 리처드 로어의 말을 빌리면 제대로 떨어진 것이 아니다.

제대로 떨어지지 않은 까닭에 정확하게 잘못과 죄를 느끼지 못할 뿐 아니라 자기 연민으로 인해 곧 잊는다. 그 죄에서 벗어나거나 온전한 회개에 이르지 못하는 결정적 이유가 된다. 그러므로 제대로 떨어져야 한다.

온몸으로 느끼고 피투성이가 된 자신을 발견해야 한다. 그때 우리와 함께 떨어지신 그리스도 예수를 보게 될 것이다. 떨어진 것이지만 올라간 것임을 알게 될 테니까.

15

침묵은 우리를 객관화하는 존재로 이끈다

침묵하면 우리는 수없이 떠오르는 생각들을 만난다. 그 생각들 중의 어떤 생각들은 우리를 고통이나 격랑 속으로 몰아넣는 생각들이다. 어쩌면 묻어두었던, 저 밑에 깊이 밀어두었던 생각들이다. 그래서 침묵은 힘들다.

침묵 수행을 충실히 해왔다면 우리 안에 이상한 능력이 생긴 것을 보게 될 것이다. 바로 '객관화'이다. 한때는 격랑을 일으키던 생각들인데, 이제는 멀리 서서 쳐다보는 자신을 발견하는 것이다. 제대로 침묵 수행을 한 결과이다. 여전히 격랑은 일어나지만 휘말리지 않고 거기에 있는 자신을 보는 것이다.

가만히 앉아 있는 것, 그것이 시작이다. 보는 것을 멈추기 위해 눈을 감고, 듣는 것을 그만하기 위하여 귀를 닫고, 생각하는 것을 흘려보내기 위해 마음을 닫는 것이 시작이다. 그때 비로소 자신이 보이기 시작할 것이다. 더러운 자신을 직면하게 될 것이다. 그런 까닭에 언제나 침묵은 주님을 기다리면서, 주님을 사랑함으로 이뤄져야 한다.

16
죄는 멀리하는 것이 필요하다

죄, 거부할 수 없는 힘이다. 그러므로 먼저 주의할 것은 멀리하는 것이다. 소극적으로 보일지 모르지만 죄를 좋아하는 우리들이 취할 수 있는 가장 적합한 방법이다. 죄를 가까이하는 것은 언제나 위험하기 때문이다. 그래서 바울은 아예 이렇게 권면하였다.

"악은 어떤 모양이라도 버리라"(살전5:22)

더욱이 우리가 사는 세상에서 권력이 정당성을 주고, 돈이 타당성을 주면 죄는 더 강력한 힘이 된다. 그리고 쾌락, 성적인 것과 세속적인 사치와 즐거움에 노출되는 것, 이 모든 것들로부터 자유할 수 있는 존재는 별로 많지 않다. 거부할 수 없을지도 모른다.

어떻게 들릴지 모르지만 우선 멀리하는 것이 중요하다. 아직 강력한 힘으로 다가오기 전에 일정한 거리를 유지하는 것이 중요하다. '멀리하라.'

17
약간 비우는 것이 필요하다

약간 비우는 것, 완전한 만족을 추구하고 갈망을 내려놓는 것이 필요하다. 충만한 만족보다 약간의 부족함을 경험하는 것이 필요하다.

육체의 만족은 영혼의 욕구를 감소시키거나 영적인 것에 대한 사랑을 약화시킬 수 있기 때문이다. 덜 먹고, 덜 보고, 덜 즐기고, 덜 추구하는 것이 중요한 이유이다.

18

이 세상을 살지만 저 세상을 산다

세상과 분리된 채 산속이나 광야로 들어가 혼자 있는 것만이 수도적 삶이 아니다. 프란체스코는 세속 사회를 떠났지만 동시에 나환자들과 함께 하는 삶을 살았다. 샤를 드 푸코는 사하라 사막으로 들어갔지만 동시에 버려진 족속인 투아렉 부족이 되어 그들이 되었다.

수도적 삶은 이 세상의 가치를 떠나 저 세상의 가치로 사는 것이지만, 매우 분명하게 이 세상에서 사는 것이다. 매우 자연스럽고 일상적인 삶의 모습에서 수도사가 되어야 한다. '걸어 다니는 수도자'의 삶이 되어야 한다.

육체적 분리가 아니라 마음의 분리가 이뤄진 삶을 사는 것이 필요하다. 이 세상을 살지만 저 세상을 사는 것이다. '거룩한 청소부, 거룩한 주부, 거룩한 회사원'이라 할 수 있다.

그때 세상은 변화의 가능성이 열릴 것이다. 거룩하게 구별된 수도자들이 세상의 일상을 살기 때문이다.

19
하나님 인식은 고통을 넘어가게 한다

고난이 없어진 것이 아니었다. 여전히 고난은 난무하고 있었다. 죽음에 이를 만한 고난이었다. 욥이 그리 소리를 질러도 고난은 사라지지 않았다. 고난은 여전히 있었다. 분명 욥 근처에 하나님은 계셨지만 그 고난을 사라지게 하신 것도 아니었다. 고난과 고통은 사라지지 않았다. 하지만 그곳에 하나님이 계셨다.

우리가 알아야 할 것이 있다. 몰트만이 말했듯이 고난 당하는 욥을 바라보고 그 곁에 계신 하나님, 그도 고통을 당하고 계셨다. 고통과 고난을 없애신 것이 아니라 하나님께서는 그 고통과 고난을 함께 당하셨다.

욥이 그 사실을 아는 순간 여전히 고난 가운데 있었지만 하나님을 원망한 것이 아니라 회개한다. 고난과 고통이 중요한 것이 아니라 하나님이 함께 하시는 아름다움을 깨달은 것이다. 어쩌면 지금까지 욥이 고난을 견딘 이유였다.

> "내가 주께 대하여 귀로 듣기만 하였사오나 이제는 눈으로 주를 뵈옵나이다 그러므로 내가 스스로 거두어들이고 티끌과 재 가운데에서 회개하나이다"(욥42:5-6)

20
물을 마시는 것만으로 충분히 감동이 되었다

예배드리는 자들이 예배의 감동을 들먹인다. 감동이 없으면, 설교가 마음에 들지 않으면 그 예배를 가볍게 여긴다. 숨을 쉬는데 감동이 있어야 숨을 쉬고, 물을 마실 때 감동을 받아야만 물을 마시는가?

이상한 일이 벌어졌다. 예전 위암 전 절제 수술을 받은 후 한 모금의 물도 마음껏 마시지 못하던 때였다. 그때부터 나는 물을 사모하게 되었고, 물을 마시는 것은 매 순간 감동이었다. 물은 달라지지 않았다. 다만 내가 달라진 것이 감동의 이유였다.

예배드리는 것, 그것만으로 우리는 감동할 수 있다. 예배당으로 향하는 것만으로, 찬송을 부르고 기도를 할 수 있는 것만으로, 함께 공동체 지체들과 예배하는 것만으로, 설교자의 설교를 듣고 성경을 읽을 수 있는 것만으로 충분히 감동할 수 있다. 내가 달라질 수만 있으면 말이다. 단 한 가지 이유, 하나님이 살아계시기 때문이다.

21
기도는 하나님 아버지와 말하고 떠드는 것이다

기도의 깊이에 들어서면 기도는 나를 위한 것이 되지 않는다. 기도는 존재를 말하는 방법이기 때문이다. 예를 들어 아버지와 대화하는 아들의 이야기는 존재의 방법이지 자신을 위해 무엇을 요청하는 것이 아니다.

어느 순간부터인가 아들은 무엇을 달라고 요청하지 않는다. 아버지를 알기 때문이다. 아버지의 것이 자신의 것이기 때문이다. 아버지를 느끼고 누리고 알아갈수록 더욱 그리되어 간다.

더욱 깊어지면 아들은 아버지에게 자신의 삶을 이야기한다. 그것이 매우 익사이팅하기 때문이 아니라 친구처럼 아버지에게 자신에게 일어난 모든 일을 말한다. 그러고 싶어진다. 아버지가 자신의 모든 것을 듣고 싶어 한다는 것을 알기 때문이다. 그것이 아버지의 사랑인 것을 알기 때문이다.

기도는 그와 같은 것이다. 하나님 아버지와 밥을 먹으며 웃으며 떠들며 말하는 것이다.

22
기도하고 싶다면 다른 존재가 되었기 때문이다

우리의 죄 된 본성은 기도를 잊는다. 아니, 생각하면서도 기도를 지나친다. 우리는 기도하지 않는 것이 자연스럽다. 그런 까닭에 특별한 일이 생길 때만 기도한다. 기도는 행사가 된다.

그러므로 기도가 자연스러워진다면 숨을 쉬듯이, 밥을 먹듯이 기도하고 싶어진다면 다른 존재가 되었다는 표징이다. 나는 어떠한가? 기도하고 싶은가? 그것이 자연스러운가?

23
사람의 깊이는 훈련의 깊이다

위기와 갈등, 탈진과 고갈의 상황이 올 때가 있다. 그때 기도해야 한다고 생각하지만 기도할 수 없고, 말씀을 읽고 묵상해야 한다는 것을 알지만 유지할 만한 힘이 없는 것을 발견한다.

그것은 평상시 일상이 정돈되거나 훈련되지 않았기 때문이다. 하지만 정기적이고 일상적으로 훈련해온 사람은 위기 시에 놀라운 위력을 발휘한다. 무엇을 하려고 하지 않아도 자연스레 기도와 묵상으로 나아가는 자신을 발견한다.

> "다니엘이 이 조서에 왕의 도장이 찍힌 것을 알고도 자기 집에 돌아가서는 윗방에 올라가 예루살렘으로 향한 창문을 열고 전에 하던 대로 하루 세 번씩 무릎을 꿇고 기도하며 그의 하나님께 감사하였더라"(단6:10)

마치 잘 훈련된 무술 고단자가 평화로운 상황에서 무의미해 보이다가도 위기가 왔을 때 그 훈련의 효과가 발휘되듯이 말이다. 그런 의미에서 사람의 깊이는 훈련의 깊이라 할 수 있다.

24
죄처럼 보이지 않는 죄가 있다

수도원 생활 중 수련의 공허함이 일어날 때 그것을 이기기 위해 섭취하였던 포도주 때문에 술 중독자 수도사가 발생하기도 하였던 것처럼 오늘날도 유사한 것들에 노출될 수 있다.

직접적인 죄처럼 보이지 않아서 포도주를 마신 수도사처럼 음식을 탐하는 것, 단순한 게으름 혹은 영화, TV 시청과 스마트폰 즐기기 같은 것에 우리는 자신을 방임한다.

대수롭지 않게 보인다. 하지만 이것들이 위험한 것은 수련과 관계없이 공허를 채우고자 하는 시도이기 때문이다. 물론 중독되지 않는 범주에서 이것들을 가볍게 즐길 수 있다면 전혀 문제가 되지 않는다. 오히려 도움이 될 수도 있다.

그러나 중독이 될 때, 그래서 어느 날 의미 없는 그런 것들로 자신을 채우거나 나태함으로 넋 놓게 된다면 그것은 죄가 된다. 소위 의식하지 못하는 가벼운 죄. 그러나 가볍지만 무겁게 다가올 수 있는 죄. 그렇게 등장할 수 있다.

침묵기도는 하나님께 나를 맡기는 완전한 의존적 기도이다

우리의 문제는 '우리 자신'이 살아 있는 것이다. 오랜 시간 동안 만들어진 거짓 자아가 나를 지배하도록 방임할 수밖에 없는 상태를 사는 것이다.

그러므로 침묵기도는 수동적 기도이다. 곧 내 마음대로 살던 것을 주님 뜻대로 하시도록 내어드리는 것이다. 무엇인가를 주장하고 요청하고 탄원하는 것이 아니라 하나님의 섭리를 전적으로 신뢰함으로 요동치는 나를 하나님 앞에 의존적 존재로 잠잠하게 서는 것이다.

오해하지 말 것이 있는데, 수동적 기도의 침묵기도는 내가 아무것도 하지 않는 것이 아니다. 오히려 나를 주장하지 않고 하나님께 나를 맡기는 적극적인 기도이기 때문이다.

26
그냥 지나가게 하면 된다

흘러가는 생각들은 그냥 지나가게 놔두면 된다. 굳이 생각을 붙잡고 이야기하거나 실랑이를 벌일 필요는 없다. 마치 바람이 불어와도 곧 지나가는 것처럼 생각들이 흘러나와 지나가는 것을 바라보면 된다. '안녕'하고 보내면 된다.

그런 흘려보냄이 자연스러워질 때 우리는 더 이상 거룩한 단어를 사용하지 않아도 된다. 거룩한 단어는 상징일 뿐 그것으로만 우리의 생각이 흘러가는 것은 아니기 때문이다. 오히려 거룩한 단어 없이 그분 안으로 깊이 들어가는 것, 그것이 자연스러운 것이다.

27
내가 변할지도 모른다

주님은 언제까지나 기다리실 것이다. 그러나 끝이 있다는 사실을 잊어서는 안 된다. 하지만 더 큰 문제는 어느 날 내가 기다릴 수 없는 존재가 될지도 모른다는 사실이다.

예전 그 감격했던 것은 지금 하찮은 것이 되고, 작은 일에도 흥분하며 즐거워했던 것은 어리석었던 기억이 되며, 설렘의 감격은 흔적도 없이 사라지고 없어지는 것이다.

내가 변한 것이다. 그것은 종말보다 더 끔찍한 일이다.

28

살아있지만 죽은 자인지도 모른다

'세상을 얻고 영을 잃다!' 영적인 존재가 영적인 일에는 관심을 두지 않고 세상에만 관심을 두고 살아가면 반드시 영을 잃는다. 내 안에 영이 거할 자리가 없어진다.

> "육신을 따르는 자는 육신의 일을, 영을 따르는 자는 영의 일을 생각하나니"(롬8:5)

내 안에 영이 거할 자리가 없다. 그것의 치명적인 결과는 육체를 내가 어떻게 할 수 없게 되는 것이다. 영으로만 육체를 제어할 수 있는데, 그저 육체대로 사는 존재가 되기 때문이다.

> "너희가 육신대로 살면 반드시 죽을 것이로되 영으로써 몸의 행실을 죽이면 살리니"(롬8:13)

이처럼 육체를 제어할 수 없다면 영의 사람이 아닌 까닭에 그저 육체로 산다. 그것은 이미 죽은 것이다. 살아 있으나 죽은 것이다.

기도는 내 필요만으로 하는 것이 아니다

기도는 마음에 내킬 때만 해서는 안 된다. 그 말은 내 필요에 의해 기도한다는 뜻이다. 그러나 기도는 내 필요보다 그분을 아는 행위이고 그분과 만나는 시간이어야 한다.

더욱이 내 필요가 기도의 이유라면 위험해질 수 있다. 우선 내 필요에 따라 그분을 조작하고 조종하고 싶어지기 때문이다. 급기야 나를 위해서만 존재하는 하나님으로 만들지도 모른다.

기도는 내 필요만으로 하는 것이 아니다. 숨을 쉬듯 해야 한다. 매우 자연스럽게 어디서든지 언제나 기도하는 단계에 이르러야 한다.

30
하나님은 우리의 사랑을 강요하지 않으신다

하나님은 우리의 사랑을 강요하지 않으신다. 우리의 사랑과 관계없이 하나님은 우리를 사랑하신다.

"그가 먼저 사랑하셨다."(요일4:19)

하나님의 이 같은 사랑이 우리를 방종으로 이끌 수 있다. 할머니의 일방적인 사랑 앞에 버릇없는 손자가 자기 마음대로 하는 것처럼 말이다.

우리가 성숙해야 하는 이유이다. 강요하지 않으시는 하나님의 깊은 사랑 앞에 우리가 진정 즐거움으로 사랑하기 위함이다.

그래서 우리는 우리 스스로 우리 자신을 강요해야 한다. 채찍질해야 한다. 우리가 버릇없는 크리스천이 되지 않기 위함이다. 사랑만 누린 채 사랑을 실천하지 않는, 책임지지 않는 크리스천이 되어서는 안 되기 때문이다.

마음을 상실하도록 프로그램되어 있는 듯하다

'죄'란 오로지 하나님으로부터 진정한 평안을 누릴 수 있는 존재인 인간이 하나님 없이 사는 상태를 말한다. 그런 까닭에 인간은 매우 자동적으로 마음을 상실하고 번민에 빠진다. 존 엘드리지가 인간은 "마음을 상실하도록 프로그램된 듯"하다고 말한 것처럼 말이다.

'하나님 없는 시대, 더 우울해지든지 더 쾌락을 추구하든지!' 그러나 마음의 상실은 더 깊어져 간다. 신나게 소리를 지르고 격렬하게 움직였지만 홀로 있는 순간 급격히 무너져 내려가는 것, 죄 때문이다. 어떤 인간적인 노력과 의로움도 인간 자체를 스스로 정화하고 완성 시킬 수 없다. 이것이 오늘 우리 시대의 인간의 모습이다.

그러므로 더 깊이 신앙에 들어서는 것은 얼마나 아름다운 것인가? 그런데 그럴 수 없다. 그러지 못한다. 그것이 큰 문제이다.

죄를 짓지 않을 자유가 있다

1
하나님은 우리를 찾아다니고 계시다

하나님은 우리를 찾아다니신다. 우리는 하나님의 뜻대로 걸어가거나 살지 않고 "자기 소견대로"(삿17:6) 걸어가기 때문이다. 어디로 갈지 알 수 없다.

"우리는 다 양 같아서 그릇 행하여 각기 제 길로 갔거늘"(사53:6)

언제나 눈에 보이는 것을 좇아, 마음을 신나게 하고 즐거운 것을 좇아다니며, 자신에게 좋은 말만 하는 자들을 좇아다닌다. 그러나 자기 뜻대로 사는 것 같지만 자기 뜻이 아니라 세상이 제시하는 것을 따라 사는 것이다.

무엇에 이를지 알 수 없다. 하나님이 우리를 찾아다니시는 이유이다. 끝까지 그분은 포기하지 않으신다. 이제 남은 것은 가던 걸음을 멈추고 가만히 듣는 것이다. 목자의 음성을 듣는 것이다.

그런데 양이 멈출 수 있을까? 양 같은 우리가 내면의 시끄러운 자기 소리를 멈추고 침묵할 수 있을까?

　죄를 짓지 않을 자유가 있다

2
기도는 자신의 하나님이심을 증명하는 것이다

"백성이 자기 하나님께 구할 것이 아니냐?"(사8:19)

하나님께 기도한다는 것은 스스로 하나님이 자신의 하나님이심을 증명하는 것이다. 극단적으로 말해서 기도하지 않는 것은 스스로 하나님이 자신이 믿는 하나님이 아니거나 신뢰하지 않는다는 것을 스스로 증명하는 것이다.

그러므로 기도가 자연스러운지를 주의해야 한다. 증거이기 때문이다.

3
인간의 욕망을 신학적으로 정당화시켰다

타락은 욕망과 매우 깊은 관계가 있다. 선악과나무 열매를 따 먹은 이유의 처음은 '먹고 싶었기 때문'이다. 기본적 욕망이다. 그러나 그들은 곧 신학적 해석을 하였다. '하나님과 같이 되고 싶은 것'으로 해석하였다.

> "너희가 그것을 먹는 날에는 너희 눈이 밝아져 하나님과 같이 되어 선악을 알 줄 하나님이 아심이니라"(창3:5)

오늘 시대의 위기는 욕망대로 사는 것이다. 속삭인다. 네가 느끼는 것, 네가 욕망하는 것을 소유하라고 말한다. 성적인 타락과 물질적 타락이 가속화되는 까닭이다. 그런데 이것을 신학적으로 해석하기 시작하였다. 교회들이, 목사들이 가르치기 시작하였다. '천국은 침노하는 자의 것이다'라는 말씀을 왜곡하여 그들의 욕망대로 세상을 얻고 권력과 돈을 얻는 시도를 정당화시켜주었다. 결국 자신이 기준이 되어 살 수 있는 판도라 상자를 허용하게 하였다.

그때부터 내려놓는 것, 기다리는 것, 그리워하는 것, 욕망하지 않는 것, 그 같은 추구는 사라진 영성이 되고 말았다.

4 죄를 짓지 않을 자유가 있다

4
평화롭지만 더 깊이 하나님을 추구한다

"환난 때에 너희가 어떻게 하려느냐 누구에게로 도망하여 도움을 구하겠으며"(사10:3)

'평화로울 때', 그 말은 아직 기회가 있다는 뜻이다. 훈련할 수 있는 때이고 여유 있게 커피를 마시며 준비할 수 있는 때이다. 환난이나 어려움이 닥쳐도 호들갑 떨지 않고 가만히 서 있는 힘을 기를 수 있는 때이다.

동시에 하나님이 당장 필요하지 않은 때처럼 보인다. 그런 까닭에 오직 하나님을 추구할 수 있는 때이다. 우리 자신도 자랑스럽다. 어떤 목적도 없이 하나님을 추구하는 때이고 하나님으로 만족하다는 것을 증명하는 때이기 때문이다.

평화롭지만 더 깊이 하나님을 추구하는 것. 방심하지 않고 더 하나님을 알기 위하여 긴장하며 사는 것. 이처럼 가만히 서서 안온히 하나님을 추구하고 누리며 그분으로 사는 것을 즐기는 사람. 동시에 끝나지 않았다고 고백하며 지속적으로 하나님을 추구하는 수도자. 이 얼마나 아름다운 존재인가?

5
주님의 진정한 제자는 평생 수도자이다

죄는 지속적으로 우리에게로 다가온다. 우리가 그만큼 죄 된 존재라는 의미이다. 그러므로 우리는 매일 매 순간 깨어 있어야 한다. 심지어 깨어 있을 때에도 죄는 슬그머니 들어오기 때문이다. 아니, 우리 안에서 흘러나온다. '이 정도면 됐겠지.', '이 정도면 충분하겠지.' 말하는 순간 죄는 우리 안에서 일어난다. 우리는 맥없이 무너진다.

아무리 많은 수련을 했을지라도 우리 스스로 이길 수 있다는 자만심은 버려야 한다. 우리는 자신이 이길 수 있는 아주 사소한 죄라 할지라도 하나님의 도움을 구해야 한다. 언제나 하나님의 임재 안에 거하는 훈련을 멈춰서는 안 된다.

그러므로 주님의 진정한 제자는 평생 수도자이다. 평생 주님과 의논하며 그분께 의지하여 사는 사람이다. 그 어느 것 하나 자신의 뜻대로 살지 않기를 다짐한 사람이다. 스스로 봉쇄하여 자신을 하나님으로 사는 사람이다. 드디어 죄를 이긴다. 엄밀히 말해서 자신의 힘이 아니라 오로지 주님으로 이긴다. 그렇게 사는 사람이 제자다.

6
하나님이 원하시는 것은 일이 아니라 교제다

하나님을 위해 일하는 것보다 더 중요한 것은 하나님과의 친밀한 교제이다. 하나님이 원하시는 것은 일이 아니라 교제이기에 그렇다.

이미 괄목한 하나님의 일(?)을 이룬 사람들이 죄에 쉽게 넘어간 모습을 우리는 봐왔다. 그들이 기막히게 하나님의 일을 했는지는 모르지만 하나님과의 친밀한 교제는 없었던 것이다. 죄에 쉽게 노출된 이유이다.

하나님 없이 소위 하나님 일을 한 것이다. 어떤 이들은 세상적인 방법으로, 세상이 쓰는 마케팅 전략을 동원하여 하나님 일을 한다. 그러는 사이에 세상에 가까워지고 말았다. 세상이 쓰는 것을 쓰다가 세상이 된 것이다.

놓쳤기 때문이다. 하나님은 부족한 분이 아니시라는 것을 놓친 것이다. 하나님이 먼저 원하시는 것은 우리와의 진한 사랑이지 일이 우선이 아니라는 것을 간과한 것이다.

7

우리를 꾀어서 사랑에 빠지게라도 하셨으면 좋겠다

하나님은 우리로 하여금 당신을 사랑하도록 강요하거나 조작하지 않으셨다. 전능하신 하나님이 역사 속에서 힘들 수밖에 없는 이유이다. 하나님은 그토록 사랑하시는데 우리가 하나님 사랑에는 관심이 없기 때문이다. 그래도 하나님은 조작하지 않으셨다.

그래서 우리는 우리의 의지로 하나님을 사랑할 수 있는 것이다. 하나님을 사랑하는 자들에게 하나님이 감격하시는 이유다. 그런데 우리는 사랑하지 않는다. 호세아는 하나님의 마음을 이렇게 표현하였다.

> "그러므로 이제 내가 그를 꾀어서, 빈 들로 데리고 가겠다. 거기에서 내가 그를 다정한 말로 달래 주겠다... 그 날에 너는 나를 '나의 남편'이라고 부르고, 다시는 '나의 주인'이라고 부르지 않을 것이다."(새번역/호2:14,16)

"내가 그를 꾀어서". 제발 그리하셨으면 좋겠다. 우리를 "꾀어서" 사랑에 빠지게라도 하셨으면 좋겠다.

8
거짓 자아를 유지하느라 우리는 피곤하다

우리의 귀는 얇다. 사람들이 나를 평가하는 것이 곧 자신이라고 생각한다. 이 같은 평가를 받는 순간부터 자기를 방어하기 위해 우리는 쓸데없는 힘을 쓴다. 많은 경우 자기 개발이란 명목으로 포장되지만 사실은 자기 상실로 이어질 위험에 빠진 것이다.

이 세상에 사는 나는 어쩔 수 없이 자신을 자신이 아닌 다른 존재, 곧 사람들이 원하는 존재로 자신을 만들어간다. 사람들의 시선으로 내가 빚어지는 것이다. 그때 원래 나의 모습 중 부정적인 모습은 내면으로 밀어 넣고 근사한 페르소나를 쓴 자신으로 거듭난다. 그러나 그것은 만들어진 것이다. 자기 자신이 아니다.

자기 자신이 아닌 까닭에 이 모습을 유지하기 위하여 많은 에너지를 쓸 수밖에 없게 되고, 언제나 피곤한 상태에 들어서게 된다. 이것이 인간의 피곤함인 동시에 비극인 것이다.

9
성령은 우리 마음을 만지셔서 내면을 보게 하신다

성령은 당신 마음대로 우리에게 오신다. 성령은 우리가 습득하고 프로그램된 욕망을 들어주기 위하여 역사하지 않으신다. 성령은 자유롭게 어디서 바람이 불어오는지 모르게 일하신다.

"홀연히 하늘로부터 급하고 강한 바람 같은 소리가 있어"(행2:20)

인사이트, 성령은 우리 마음을 만지셔서 내면을 보게 하신다. 보이지 않던 것들이 보이고 새로운 세상을 만나게 하신다.

"말세에 내가 내 영을 모든 육체에 부어 주리니 너희의 자녀들은 예언할 것이요 너희의 젊은이들은 환상을 보고 너희의 늙은이들은 꿈을 꾸리라"(행2:17)

이제 내가 보기 때문에 나는 다른 꿈을 꾼다. 다른 삶을 살고 싶은 욕망이 생긴다. 다른 길을 택할 수는 없다. 내 안에 그분이 내주하시기 때문인 것이다.

10
기도가 모자란 것보다 하나님과의 관계가 시원찮은 것이다

우리는 하나님을 설득하려 한다. 내가 원하는 것을 설정하고 하나님이 들으실 것을 강요하기까지 한다. 우리가 이처럼 소리쳐야만 들으시는 하나님처럼 생각한다.

'하나님이 모르시는가? 하나님이 문제인가?'

하나님은 다 아신다. 우리를 아신다. 우리 역시 하나님을 알아갈수록 모든 것이 이해되기 시작한다. 하나님으로, 하나님을 느끼며 살아갈 수 있게 된다.

지금 우리의 심각한 문제는 기도가 모자란 것이 아니라 하나님과의 관계가 시원찮은 것이다. 우리는 대부분의 시간을 하나님 없이 산다. 하나님과 관계없이 산다. 자연히 기도는 우리의 일방적 요청이 되고 만다. 하나님의 뜻과는 전혀 상관없는 외침이 되기 시작한다. 하나님이 응답하셔도 듣지 못하는 이유다.

11

하나님은 우리에게 완전히 묶여있으시다

어느 누가 아들을 죽음에 내어줄 수 있겠는가? 그런데 하나님이 바로 우리를 살리기 위해 자신의 아들을 내어주셨다. 하나님이 그토록 사랑하셨다. 그래서 노리치의 줄리안은 이렇게 말했다.

"우리는 하나님의 연인이다."

하지만 하나님의 사랑을 표현하는 것으로 '하나님의 연인'이란 말 정도로는 충분하지 않다. 하나님은 우리에게 완전히 묶여있는 존재이기 때문이다. 단순한 사랑이 아니다. '미친 사랑'이라고 말해도 지나치지 않다.

반면에 우리의 사랑은 너무 가볍다. 우리도 하나님을 사랑한다고 말하지만 우리의 사랑은 너무 평범하고 이성적이다. 우리에게 하나님은 연인이 아니다. 우리는 하나님에게 미치지 않았다.

12
탐닉이 언제나 아름다운 것은 아니다

분명 탐닉은 열정이다. 탐닉할 때 우리는 열정적이 된다. 그래서 탐닉은 위험하다. 중독될 수 있기 때문이다.

사랑을 탐닉하면 모든 것을 넘어선다. 정상적이지 않은 불륜도 넘어서고 더러운 욕망의 섹스 행위도 넘어선다. 자유하게 된다. 탐닉이 갖고 있는 열정이다. 바로 탐닉이 언제나 아름다운 것이 아닌 이유다.

이 세상은 탐닉하라고 요청한다. 모든 세상이 만드는 메시지가 극단을 향해 달려가는 이유이다. 멈추지 못한다. 결국 탐닉의 결과로 끝자락에 이를 때 이 세상은 멈출 것이다.

그래서 지금 멈추는 것, 거기서 잠잠하는 것, 탐닉이 아니라 내려놓는 것이 아름다운 것이다.

13
절대로 찾지 않는 우리를 위하여 오셨다

우리는 하나님을 찾을 수 없다. 하나님은 스스로 자신을 감추신 "숨어 계시는 하나님"이시기 때문이다.

> "구원자 이스라엘의 하나님이여 진실로 주는 스스로 숨어 계시는 하나님이시니이다"(사45:15)

구원자이신 하나님이 왜 숨어 계시는가? 의아할 수 있지만 이스라엘에게 즉 오늘 우리 믿는 자들에게 숨어 계시는 이유는 우리가 찾기를 기대하시기 때문이다. 그런 까닭에 찾을 수 있게 숨으신다.

> "너희가 전심으로 나를 찾고 찾으면 나를 만나리라"(개역한글/렘29:13)

단 조건이 있다. '전심으로' 찾아야 한다. 사랑하는 사람을 찾듯이 진심으로 찾고 찾아야 한다. 그런데 우리가 찾을 생각이 없다.

아, 그런데 절대로 찾지 않는 우리를 위하여 하나님이 우리에게로 찾아오셨다. 바로 예수 그리스도이시다. 그러므로 우리가 이제 찾는 것은 이미 오신 그분을 발견하는 것일 뿐, 우리가 찾는 것이라 말할 수도 없다. 우리 눈만 뜨면 되는 일일뿐이다.

⌣ 죄를 짓지 않을 자유가 있다

14
주의해서 듣는 것은 사랑하기 때문이다

친밀감은 상대방의 말을 잘 듣는 것에서부터 시작된다. 듣는 것이 친밀감인 이유다.

실제로 사랑하는 사람의 말은 한 마디도 놓치지 않는다. 내가 진심으로 존경하는 분의 말도 남김없이 주의해서 듣는다. 듣는 것이 사랑이고 듣는 것이 존경이다. 하나님의 말씀을 주의해서 듣는 것이 경외인 이유다. 그러므로 말씀을 듣는 것, 성경을 가까이하는 것, 하나님을 사랑하는 자의 자연스러움인 이유이다.

그러나 우리보다 먼저 하나님이 우리를 들으신다. 우리를 주의 깊게 살피시고 우리 신음 소리까지라도 들으신다. 그 의미를 알고 계신다. 깊이 주의 깊게 들으시기 때문이다.

> "이제 애굽 사람이 종으로 삼은 이스라엘 자손의 신음 소리를 내가 듣고 나의 언약을 기억하노라"(출6:5)

15
말씀을 듣고 말을 하는 것이 온전한 기도다

함께 밥을 먹으면서 우리는 어김없이 수다를 떤다. 네가 말하는 것을 들으면서 내가 말하고 싶어진다. 서로 말하려고 떠드는 사이에 시간은 저만큼 지나간다.

이것이 친밀감이다. 하나님의 말씀을 읽으면서 그 말씀이 들리면 (렉시오) 나도 말하고 싶어진다. 나도 수다를 떨기 시작한다. 그것이 기도(오라치오)다. 친밀하다는 의미다.

아무 말도 하지 않는 사람이 있으면 많이 의식된다. 무슨 일이 있는 것이 아닐까? 무슨 고민 때문에 말하지 않는 것일까? 그러다 딴짓을 하고 있는 것을 발견하면 속상하다.

말씀을 듣고 말을 하고, 말씀을 읽고 기도를 하고, 이 모습이 하나님과 제대로 지내는 사람의 모습이다.

16
하나님이 계실 방을 만들어두어야 한다

이사를 하면서 버렸다. 절대로 버릴 수 없을 것 같은 것들도 버릴수 있었다. 떠나면서 버리는 것은 자연스러웠다.

새로 이사 온 집, 새집은 유난히 넓어 보였다. 그런데 얼마 되지 않아 조금씩 채워지기 시작했다. 빈자리가 조금씩 사라져갔다. 이사 온지 얼마 안 되어 다 채워지고 말았다.

우리 마음도 그럴 것이다. 채워지면 빈 곳이 없다. 다른 것으로 채워지면 그만큼 하나님이 계실 곳이 없다. 그러므로 언제나 그분이 계실 공간을 만드는 것, 그것이 중요하다.

기다리는 것, 조바심을 갖지 않는 것, 광야로 나가고 골방으로 들어가는 것, 비워놓는 것, 침묵이 필요한 이유다.

17

보이지 않는 것을 보는 이가 영적인 사람이다

우리는 보이는 것에 의해 만족한다. 우리가 육적이라는 뜻이다. 그러므로 보이지 않는 것으로 만족하게 되는 사람이 영적이다.

믿음으로 지금을 넘어서서 만족하고, 하나님의 은혜와 사랑을 경험함으로 지금 감사하고 기뻐하며, 내 안의 신음 소리를 들어 스스로 통회하며 기도하는 것, 이런 것들이 자유로워지는 것이 영적인 사람의 모습이다.

그러나 여전히 세상에는 먹고 마시고 즐기고 세상을 누리는 것에 최고의 관심을 둔 사람이 가득하다. 그것이 나쁘다는 뜻이 아니라 더 큰 즐거움을 누리지 못하는 것이기에 아쉬운 것이다.

보이지 않는 것을 보고, 보이지 않는 것을 느낄 때부터 영적인 세상으로 들어서기 시작하는 것이다.

18
사막같은 세상을 걸어갈 때 나침반이 필요하다

사막을 건넌 이들의 공통적인 경험은 도무지 길을 알 수 없다는 것이다. 지도가 소용이 없다고 한다. 하루에 여러 번 바뀌는 모래사막 때문에 내가 갖고 있는 정보 속의 산은 산이 아니고 언덕은 언덕이 아니기 때문이다.

그런 까닭에 사막에서 중요한 것은 나침반이다. 나침반은 변하지 않는 방향을 정확하게 말하기 때문이다.

인생이 사막을 걷는 것처럼 캄캄하고 방향이 모호할 때 우리는 세상이 만들어준 지도를 꺼낸다. 그런데 그것을 신뢰하는 것은 위험하다. 바뀌고 있기 때문이고 바뀔 수 있기 때문이다.

그때 나침반이 필요하다. 변하지 않는 영구적인 것, 변하지 않으시는 하나님. 그 진리 안에서 길을 찾는 법을 배워야 한다. 처음에는 지도보다 훨씬 힘들지만 곧 괜찮아질 것이다. 그때부터 우리는 분명한 길을 걸어가게 될 것이다.

19
믿음은 영의 일이다

우리가 믿는 것은 우리의 의지처럼 보일지라도 하나님의 영의 감동에 하나님으로부터 온 본래적인 자아가 영으로 반응한 것이다. 그런 까닭에 믿음은 거짓 자아와 충돌한다.

'믿음이 세속화되고 물질화되는 것'이 위험한 이유는 믿음은 영의 일이고 참 자아의 반응이기 때문이다. 그런데 우리는 믿음을 이 세상을 영위하는 데 주로 사용한다. 우리 믿음의 초점이 어떤지를 살피면 금방 알 수 있다. 우리의 믿음이 별로 힘이 없는 까닭이다.

영적이어야 한다. 물질과 육체에 기울어진 우리가 완벽하게 다르게 살아야 하는 이유이다. 소망 없는 육체의 일을 버리는 것이 중요한 까닭이다.

20
갈망이 더 깊은 갈망으로 이끈다

"전혀 모르는 것은 갈망할 수 없다."(토마스 아퀴나스)

우리가 하나님을 갈망하고 그 안에 거하기를 추구하는 것은 우리가 알고 있다는 것을 의미한다. 알지 못하는 것을 갈망할 수 없기 때문이다. 그러므로 알아가는 것은 더 갈망한다는 뜻이기도 하다.

그러므로 하나님을 조금이라도 알게 되었다면 더 사모해야 하며 시간을 내어 더 하나님께 가까워지길, 알기를 힘써야 한다. 그럴수록 하나님을 아는 영적인 깊이는 깊어지고 우리는 하나님을 더 갈망하게 될 것이다. 갈망이 더 깊은 갈망으로 이끌기 때문이다.

21
이전에 몰랐던 새로운 맛과 새로운 세상이 있다

2000년 1월 3일 위암으로 인한 위 전 절제 수술을 하고 난 후에 알게 된 것은 새로운 맛이었다. 이전에는 잘 먹으려 하지 않았던 음식들(그동안 고기와 자극적인 음식을 즐겨 먹었다)의 세상을 경험하였다. 채소와 과일, 콩과 두부 그리고 생선들. 내가 먹지 않던 것들이었다. 그런데 다른 즐거움이 분명 있었다. 더 멋있고 근사한 다른 세상이 있었다.

우리가 예수를 믿으므로 새로운 피조물이 되었지만 새로운 피조물로 사는 것은 우리의 몫이다. 다른 윤리와 다른 삶의 방식이 필요하다는 뜻이다.

지금까지 살던 방법 때문에, 여전히 세상은 이전의 삶의 방식을 요구하기 때문에 어렵고 힘들 것이다. 그럴수록 더 깊이 주님의 방식으로 들어서야 한다. 당장은 고통스럽고 힘들겠지만, 곧 다른 즐거움을 경험하게 될 것이다. 분명히 다른 세상을 깨달을 뿐만 아니라 살게 될 것이다. 그러므로 매우 분명하게 다른 삶을 택하여 살아가기를 추구해야 한다.

22
매일 새로워지는 것을 거부해서는 안 된다

세속적인 삶이란 새로운 것을 잃어버린 삶이다. 처음에는 새로운 것이었지만 익숙해져서 더 이상 변화 없이 굳어져(기성화, 관습화)가는 삶이다.

'기도 해 보았다. 큐티 해 보았다. 침묵기도 해 보았다. 다 해 보았다.'

이 같은 말을 수없이 되뇌인다. 실제로 그렇게 시도했고 살았었다. 그런데 지금은 지루하고 따분하게 되었다. 왜냐하면 매일 새로워지는 것을 거부했기 때문이다. 다른 삶을 시도하지 않은 것이다. 한두 번 해 보고 그것으로 끝을 냈기 때문이다.

하나님의 영은 우리를 매일 새롭게 한다. 매일 새롭게 도전하신다. 변화는 자연스럽고 성숙은 당연한 일이다. 그러므로 성숙과 새로운 변화가 멈춰있는 사람은 심각한 문제에 직면한 상태이다.

'그러므로 매일 새로워지라. 매일 성령의 만지심을 기대하라. 매일 공부하고 수도하며 하나님을 추구하라.'

23
하나님이 사라지신 것 같은 어두운 밤이 있다

어느 날 우리는 하나님과 매우 친밀한 관계를 이루고 있는 자신을 발견하기도 한다. 우리의 기도는 즉시 응답되고 늘 하나님은 우리와 함께 계신 것을 경험한다.

그런데 어느 날 갑자기 하나님이 안 보이는 경험도 한다. 둘러봐도 보이지 않고 우리의 기도는 암흑 속을 향해 말하는 느낌을 경험한다. 하나님이 사라지셨다. 어두운 밤이다. 무슨 일인가?

우리가 하나님을 안다고 생각하는 순간 우리는 하나님을 오직 내 편으로 만들 뿐 아니라 조금 더 나아가면 하나님을 나의 영역에서 마음대로 할 수 있는 분으로 규정한다. 하나님을 왜곡하는 지경에 이르기도 한다.

그러므로 어두운 밤은 어떤 이유도 없이 하나님을 사랑하는 단계에 이르기 전에 벌어지는 현상이다. 욥이 그것을 이렇게 고백하였다.

> "그런데 내가 앞으로 가도 그가 아니 계시고 뒤로 가도 보이지 아니하며 그가 왼쪽에서 일하시나 내가 만날 수 없고 그가 오른쪽으로 돌이키시나 뵈올 수 없구나 그러나 내가 가는 길을 그가 아시나니 그가 나를 단련하신 후에는 내가 순금 같이 되어 나오리라"
>
> (욥23:8-10)

⌄ 죄를 짓지 않을 자유가 있다

24
미래를 위하여 현재를 함부로 대해서는 안 된다

인생을 살면서 사람들이 범하는 가장 큰 실수는 목적에 초점 된 삶에 지나치게 집중하는 것이다. 이처럼 미래, 성공, 영광 등 목적을 추구하는 까닭에 현재를 간과하는 어리석음을 범하게 된다.

그 같은 삶의 태도는 현재의 나를 가볍게 여기며 그로 인해 현재의 내가 파괴되는 문제를 겪는다. 심지어 현재가 사라진 삶을 살기도 한다.

그런데 더 심각한 것은 현재를 그토록 억누르며 추구했던 목적의 미래를 만나지 못할 때이다. 설령 목적을 이뤘을지라도 행복하지 않은 목적이 되거나 타락한 목적이 될 때이다. 오늘 우리가 보고 있는 성공한 목적을 이룬 자들의 타락과 쇠락을 보는 것처럼 말이다.

그러므로 어떤 목적인가가 중요하다. 만일 내가 나 되는 목적이라면, 하나님 나라를 이루는 목적이라면 현재를 사는 것이 중요하다. 하나님은 현재를 희생함으로 미래만을 말씀하지 않기 때문이다.

25

하루 동안의 침묵이 필요하다

우리는 말이 너무 많다. 말이 많다는 것은 많은 생각을 한다는 뜻이다. 내면에 가득한 욕망들이 말로 나오는 것이다. 말을 많이 하는 것이 많은 생각을 하는 것이기에 하나님을 생각할 틈이 없다.

하나님을 생각하는 것, 하나님을 기억하는 것이 영성이다. 하지만 우리는 하나님을 생각하기보다 다른 생각으로 꽉 차 있는 채 수많은 말을 쏟아낸다.

가나안 땅으로 들어서던 날 하나님이 요청하신 것은 '침묵'이었다. 일주일 동안 그들은 말하지 않고 있어야 했다. 모든 복잡한 생각들은 그 순간 사라졌던 것 같다. 침묵의 신비였다. 그리고 그들은 '침묵에서 나온 말', 곧 다른 종류의 '소리'로 여리고 성을 무너뜨리는 기적을 경험하였다.

'하루 동안의 침묵'. 우리에게 가끔은 필요하다. 다른 사람들에게만이 아니라 자신에게도 말하지 않는 것. 계획하거나 꾸미지 않는 것. 오로지 하나님만 생각하는 것. 침묵이 필요하다.

26
오로지 사랑하는 열망이 중요하다

무엇을 향하고 있는가? 누구를 향하고 있는가? 하나님을 기다리는 침묵의 핵심은 지향(intention)에 있다. 지향한다는 것은 연인을 향하는 사랑과 같은 것이다.

진정한 영성가들은 오로지 사랑하는 열망으로 꽉 차 있다. 동기가 하나님을 사랑함이다. 인생 전체를 결정하는 것이 된다.

지루하지만 참고 버티는 것이 아니다. 힘들고 피곤하지만 어쩔 수 없이 하는 것이 아니다. 사랑으로 꽉 차 있어서 모든 것들을 이겨내는 힘이다. 그러므로 우리의 부진한 영성의 삶은 동기가, 지향이 무너질 만큼 이미 육체적인 동기로 가득 차 있기 때문이다.

"영적인 여정에서 동기가 모든 것이다."(토마스 키팅)

27

전능자의 그늘 아래로 들어가다

하나님을 만나기 위해 골방으로 들어간다는 것은 벽을 세우는 것이다. 세상으로부터 밀려오는 유혹과 도전 앞에 나를 보호하는 벽을 세우는 것이다. 어떤 종류의 공격 앞에서도 우리는 보호받는 것이다. 당연히 그 벽은 하나님이 세우시는 보호막(shield)이기 때문이다. 시편 기자는 그것을 "전능자의 그늘 아래에 사는 자"라 말하였다.

이제 조용히 고독함으로 하나님의 현존 안, 곧 골방으로 들어가 보라. 모든 소리를 끊고 침묵함으로 하나님의 얼굴을 바라보라. 전능자의 그늘 아래로 들어가 보라. 그가 너를 지키시리라.

> "지존자의 은밀한 곳에 거주하며 전능자의 그늘 아래에 사는 자여, 나는 여호와를 향하여 말하기를 그는 나의 피난처요 나의 요새요 내가 의뢰하는 하나님이라 하리니... 그가 너를 그의 깃으로 덮으시리니 네가 그의 날개 아래에 피하리로다"(시91:1-2,4)

4 죄를 짓지 않을 자유가 있다

28
죄를 짓지 않을 자유가 있다

일반적인 사람은 죄의 지배를 받는다. 아니, 예수를 믿는 크리스천들조차도 바울의 경우에서 보는 것처럼 죄의 지배를 받는다. 죄의 힘이다.

이 모든 것들은 우리가 만들어 온 거짓 자아와 깊은 관계가 있다. 죄의 힘은 프로그램된 것이어서 자동적으로 움직이기에 힘 있어 보이는 것이다. 그때 우리는 죄를 짓지 않을 자유가 없는 것처럼 느껴질 뿐이다.

그러므로 죄를 짓지 않을 자유를 얻을 때까지 우리는 수련해야 한다. 어거스틴의 말처럼 우리에게는 죄를 짓지 않을 자유가 있기 때문이다.

> "그러나 그 동안에 내 자유의지(당신의 뜻을 원하는)는 어디에 있었습니까? 오, 나의 도움이 되시고 나의 구주가 되시는 예수 그리스도여. 내 자유의지가 순간적으로 호출되어 나오게 된 그 깊고 은밀한 곳은 어디입니까?"(성 어거스틴, 성어거스틴의 고백록, 대한기독교서회, 9.1.1)

29
사랑이 쉬지 않고 기도할 수 있게 한다

기도가 깊어지면 내가 기도하고 있는지 모르게 된다. 더 이상 내가 원하는 무엇을 구하는 것이 중요하지 않게 된다.

사랑하는 사람과 함께 있는 것만으로 시간이 빠르게 지나가는 것처럼 기도는 구하는 것이 아니라 함께 있는 것, 존재하는 것이 된다. 그런 의미에서 기도는 사랑이다. 사랑함이다.

우리는 하나님과 말한다. 그분을 사랑하기 때문에 그분의 이야기를 듣고 우리도 우리의 이야기를 한다. 정확하게 말해서 나의 모든 삶이 나를 사랑하는 그분의 관심사인 까닭에 사소한 것조차 그분께 얘기한다. 우리가 아는 기도라기보다 대화가 된다. 그래서 항상 기도할 수 있는 것이다.

"쉬지 말고 기도하라"(살전5:17)

30
마음의 문을 닫아야 한다

"너는 기도할 때에 네 골방에 들어가 문을 닫고 은밀한 중에 계신
네 아버지께 기도하라"(마6:6)

우리가 깊은 기도에 들어가지 못하는 이유는 골방에 들어갈지라도
문, 곧 마음의 문을 닫지 않기 때문이다. 여기저기 쉴 새 없이 들어오는
생각들을 그냥 방치하기 때문이다.

가만히 있을 수 있는 것, 마음의 문을 닫는 것, 잠잠할 수 있는 것,
마치 밤을 맞이하듯이 모든 것을 멈추고 모든 생각의 활동을 멈출 수
있어야 한다.

생각이 흘러나오는 것만이 아니라 생각이 들어오는 것도 막아야
한다. 마음의 문을 닫아야 한다. 오로지 하나님 앞에 서기 위하여!

성숙한 신앙인은 일상이 동일하다

1
우리는 하나님을 사랑할 자유를 가지고 있다

우리가 하나님을 위해 할 수 있는 것은 없다. 그분은 모든 것의 모든 것이기 때문이다. 그런데 우리가 할 수 있는 것이 있다. 우리가 할 수 있는 자유의 극치로서의 사랑이다. 유일하게 하나님이 간섭할 수 없는 인간의 독립적 영역의 사랑은 우리가 스스로 할 수 있는 것이다.

그런데 놀라운 것은 이 같은 우리의 사랑에 하나님이 약하다는 사실이다. 우리의 사랑에 흔들리고 감동하신다. 하나님이 알아주시기 때문이다.

"누구든지 하나님을 사랑하면 그 사람은 하나님도 알아 주시느니라"(고전8:3)

이처럼 사랑이 우리가 할 수 있는 자유라면 전심으로 하나님을 사랑하는 것은 얼마나 근사한 일인가? 더욱이 우리가 온전히 사랑할 때 벌어질 또 다른 가능성 때문에 그렇다.

"나를 사랑하는 자는 내 아버지께 사랑을 받을 것이요 나도 그를 사랑하여 그에게 나를 나타내리라"(요14:21)

5 성숙한 신앙인은 일상이 동일하다

2
구원받는 것과 쓰임 받는 것은 다른 문제다

우리는 믿음으로 구원에 이른다. 누구든지 믿으면 얻게 되는 하나님의 은혜. 그러나 하나님께 쓰임 받는 것은 다른 차원의 문제다.

분명히 하나님은 누구든지 부르시지만 훈련되지 않은 자, 준비되지 않은 자를 사용하지는 않으신다. 여전히 육체적인 것이 해결되지 않고 자기 문제로 허덕이며 자기 생활에 묶여있는 자를 주님은 쓰지 않으신다.

그래서 바울이 '고난을 받자'라고 말한 것이다. 당연히 훈련의 고난이다. 하나님께서 쓰시기 편하도록 우리 육을 제어하고 자기 생활에 연연하지 말아야 하기 때문이다.

> "너는 그리스도 예수의 좋은 병사로 나와 함께 고난을 받으라 병사로 복무하는 자는 자기 생활에 얽매이는 자가 하나도 없나니 이는 병사로 모집한 자를 기쁘게 하려 함이라"(딤후2:3-4)

3
고깃덩어리 크리스천으로 방치해서는 안 된다

내가 나를 통제하고 다스릴 수 있는 존재가 될 때까지 우리 훈련은 멈춰서는 안 된다. 하고 싶은 것은 하나님의 뜻이고, 즐기고 싶은 것이 하나님의 일이고, 나를 살게 하는 것이 하나님을 꿈꾸는 것이 되는 데까지 성숙해야 한다.

만일 그렇게 깨어 추구하지 않고 사는 어느 날 이상하게 변한 자신을 발견할지도 모르기 때문이다. 내 멋대로 움직이는 존재, 내 감정과 세상이 원하는 대로 흘러가는 존재가 될지도 모른다. 더 심각한 것은 나는 사라지고 완전히 세상과 물질적 존재가 되어 비인격적 삶을 사는 자신을 볼지도 모른다. 그때부터 고깃덩어리로 사는 것이다.

과연 이 세상에 하나님의 통치를 받는 영적인 온전한 인격을 가진 이들이 얼마나 있다고 생각하는가? 그러니 이상한 논리와 잡론에 귀를 기울이고 가짜뉴스를 분간할 능력도 없이 두려움에 떨며 살고 있는 것이다.

기도하지만 하나님이 듣지 않으시는 기도, 예배하지만 하나님이 받으시지 않는 예배. 얼마나 기막힌 일이 벌어지고 있는지. 그것조차 감지할 능력도 사라진 채 말이다. 죽은 고깃덩어리 크리스천이 된 것이다.

4
하나님을 아는 것이 바로 나를 온전히 아는 것이다

우리는 사는 동안 평생 자기 정체성의 위기를 겪는다. 그래서 어렸을 때 자기를 비춰볼 수 있는 대상(mirroring self-object)이 중요하다. 상대방을 통하여 자신을 보기에 부모가 중요하다. 나의 거울 같은 존재인 부모를 통하여 나를 평가받는데, 존귀하게 여김을 받고 존중될 때 아이는 자신의 모습을 귀하게 여기는 계기가 된다. 건강한 자존감, 자긍심(self esteem)을 갖게 되는 것이다.

하지만 성인이 되어가는 과정에서 다른 문제에 노출된다. 사회적 삶 속에서 만나는 다른 사람이 나를 비춰보는 대상이 되기 때문이다. 그런데 그들에게 비친 나의 모습이 비참한 존재이고 값없는 존재인지를 경험할 때가 문제다. 왜곡되는 이유이다.

그래서 하나님을 바라보는 신앙은 중요하다. 하나님은 가장 정확하게 바로 나의 원형으로서의 나 자신이기 때문이다. 그런 까닭에 하나님을 알아갈수록 우리의 정체성이 견고해지고 아름다운 존재로서의 확신이 생긴다. 하나님을 아는 것이 바로 나를 온전히 세우는 방법인 이유다.

5
첫 시간은 하나님의 것이다

모든 처음은 하나님의 것이다. 우리의 시작이 하나님으로부터 시작되었기 때문이다. 그런 까닭에 하루의 첫 시간은 하나님의 것이어야 한다.

눈을 떴을 때 하나님을 생각하는 것은 자신의 존재가 하나님으로부터 왔음을 인정하는 의식 같은 것이다. 그래서 이것을 인정하는 이들은 모두 말씀과 기도로 시작한다.

첫 시간의 길이가 얼마인지는 이차적이다. 첫 시간을 하나님을 기억하고 기도에 자리에 들어서며 큐티를 하기 위해 말씀을 편다면 이미 첫 시간은 드려진 것이다.

아침에 눈을 뜨자마자 처음 생각이 하나님을 생각하는 것만큼 거룩한 것은 없다. 이 같은 행동은 하루 종일 어느 시간이든 하나님을 의식하며 산다는 뜻이기 때문이다. 그런데 하루 첫 시간에 하나님을 기억하지 못할 뿐 아니라 '잠시라도' 주님과 함께할 수 없다면 '하루'를 주님과 살 수 있겠는가? 하물며 '일생'을 주님과 함께 살 수 있겠는가?

6
침묵은 위대하다

"너희가 본래 죄의 종이더니"(롬6:17)

죄의 종이었다는 말은 무의식 속에 프로그램된 대로 자동적으로 움직인다는 뜻이다. 스스로 자유롭게 선택한다고 생각하지만 이미 만들어진 대로, 프로그램된 대로 움직이고 있다는 말이다.

"유혹의 욕심을 따라 썩어져 가는 구습을 따르는 옛 사람"(엡4:22)

그런데 의식하지 못한다. 자신에게 벌어진 많은 현상들, 무기력함이나 피로감, 절망감과 우울함 그리고 쾌락과 재미있는 일을 지향하는 삶, 혹은 열심히 일하지만 왜 하는지를 모르고 하거나 어쩔 수 없이 일하는 삶, 이 모든 것이 이미 프로그램된 것이라는 것을 모른다. 그렇게 살다가 끝날 것을 모른다.

침묵이 위대한 이유이다. 생각을 본다는 것이고 생각을 내가 만질 수 있기 때문이다. 더욱이 하나님에게 나를 펼쳐놓는 것이기에 더욱 위대한 일이다. 주님이 개입하시도록 우리가 초청하는 것이기 때문이다. 버릇없는 표현이지만 주님이 먼저 그렇게 표현하셨다. 그래서 오늘도 나는 침묵한다. 주님을 기다린다.

"내가 문 밖에 서서 두드리노니 누구든지 내 음성을 듣고 문을 열면"(계3:20)

7
우리가 사막에 있다는 증거는 목마름 때문이다

우리는 도시에 살지만 깊이 들여다보면 사막 가운데 있다. 사실 인생 자체가 사막 같은 것이기도 하다. 우리가 사막과 같은 세상에 살고 있다는 증거는 우리의 목마름 때문이다.

늘 목이 마르다. 그래서 닥치는 대로 마신다. 007 시리즈 어떤 영화에서 제임스 본드가 악당을 사막에 버리면서 그 손에 자동차 오일을 쥐여주며 말한다. '머지않아 그 오일을 먹을 것이다.' 나중에 그 악당이 죽은 것이 발견되는데 이미 그 자동차 오일을 다 먹은 상태였다. 사막이어서, 목마름이어서 그렇다.

우리가 살고 있는 세상, 사막 같은 곳이어서 우리는 목마르다. 그래서 닥치는 대로 먹는다. 생수의 근원 되신 하나님에게로 돌아갈 생각은 하지 않고 말이다.

> "내 백성이 두 가지 악을 행하였나니 곧 그들이 생수의 근원되는 나를 버린 것과 스스로 웅덩이를 판 것인데 그것은 그 물을 가두지 못할 터진 웅덩이들이니라"(렘2:13)

8
아직 더 좋은 것을 만나지 못했다

감각의 어두운 밤은 내적 자아가 하나님을 사랑하는 상태이다. 더 좋은 것을 만난 것이다.

이전에 그렇게 맛있게 먹던 어떤 음식이 어느 날 별로 맛없는 음식으로 변한 것과 유사하다. 더 맛있는 음식을 만났기 때문이다. 그 순간 그리워할지라도 맛은 없다. 우리가 더 이상 먹지 않는 이유이다. 입맛이 바뀐 것이다.

감각의 어두운 밤은 이와 유사하다. 더 좋은 것을 경험한 것이다. 바울이 고백한 것처럼 이 세상 어떤 것보다 더 아름답고 사랑스러운 예수 그리스도를 알게 되었기 때문이다.

그러므로 지금 우리가 이 세상을 즐기고 있고, 감각적인 쾌락을 더 사랑하는 까닭은 더 좋은 것을 아직 만나지 못했기 때문이다.

9
벽이 문이었다

세상이 둘러싸인 벽처럼 보일 때가 있다. 그런데 그 벽이 닫힌 것이 아니라 열린 것은 아닌지 살펴야 한다. 그것은 그동안 간과하였던 '나'라는 존재의 내면의 깊이로 들어갈 문이 열린 것인지도 모르기 때문이다.

내가 위암으로 인해 혼자 방 안에 고립되었을 때 곧 위를 전체 절제하는 수술을 한 후 마음대로 먹고 마시고 쾌락할 수 없는 것은 육체와 감각의 제한을 의미했다. 일종의 벽에 갇힌 것이었다.

그때, 육체와 감각이 중요하게 되지 않았을 때, 내 안을 쳐다보게 되었고 나의 속사람을 깨우는 일이 벌어졌다. 닫힌 것처럼 보이는 벽이 문이었다.

나는 그동안 보지 못하던 내 안을 들여다볼 수 있었다. 어쩌면 평생 쳐다보지 않은 채 내팽개치고 놔뒀을 나를 만났다. 세상을 살던 내가 위암으로 인해 벽을 만난 후 그동안 보지 못했던 문을 찾게 된 것이다. 세상과 밖만 쳐다보며 감각적으로 또한 육체적으로 살던 시선을 내면으로 돌리게 되었기 때문이었다.

10
하나님이 계실 방을 없앤 까닭이다

일상에서 영적인 훈련들은 늘 우선순위에서 밀려난다. 당장 눈에 보이는 급하고 우선적인 긴급한 일들 때문이다. 기도와 말씀 묵상, 예배의 삶은 늘 뒤로 밀려난다. 여분의 시간이 발생할 때에만 그것들을 위해 쓴다.

그런데 문제는 언제나 급한 일들이 계속된다는 것이다. 절대로 시간적 여유는 생기지 않는다. '그럴 리가 있겠는가'라고 반문할지 모르지만, 반드시 그렇게 된다. 어느 사이엔가 시간의 문제가 아니라 마음의 문제로 옮겨졌기 때문이다. 마음의 방(room)에 예배가 없고 기도와 말씀이 사라졌기 때문이다. 더 직설적으로 말하면 하나님이 계실 방을 없앤 것이다.

그때 우리는 입에만 있는 '입술 크리스천'이 되거나 귀에만 걸려있는 '귓구멍 크리스천'이 된다. 능력? 없다. 신앙의 종말을 만난 것이다. 믿지만 능력이 없는 상태, 바울이 말한 것처럼 말이다.

"경건의 모양은 있으나 경건의 능력은 부인하니 이 같은 자들에게서 네가 돌아서라"(딤후3:5)

11

사랑 자체가 기쁨이다

하나님은 우리의 형편과 처지, 모습과 관계없이 사랑하신다. 하나님은 사랑이시기 때문이지만, 진정 우리를 사랑하시기 때문이다. 그래서 하나님은 우리 존재만으로 기뻐하고 행복해 하신다.

> "그가 너로 말미암아 기쁨을 이기지 못하시며 너를 잠잠히 사랑하시며 너로 말미암아 즐거이 부르며 기뻐하시리라"(습3:17)

우리가 하나님을 진정 사랑하게 되면 우리도 그와 같이 된다. 하나님을 진정 사랑하는 순간부터 우리에게는 사랑의 기쁨이 생긴다. 사랑하는 것만으로 기쁘게 된다. 슬픔에서든 괴로움에서든 아니면 모든 것이 잘 되는 상황에서든 똑같은 기쁨이 생긴다. '사랑의 기쁨'이다. 사랑 자체가 기쁨이기 때문이다.

5 성숙한 신앙인은 일상이 동일하다

12
침묵기도가 지향하는 것은 하나님이다

침묵은 단순히 내면을 비우는 무념무상의 행위가 아니다. 도, 명상, 요가, 템플스테이, 뇌 호흡 등이 추구하는 것처럼 자기 수행으로 자신에게만 초점 시키는 것이 아니다.

침묵기도가 지향하는 것은 하나님이다. 하나님을 사랑하는 것이다. 사랑하는 이의 얼굴을 보고 만지는 것처럼 하나님을 보고 사랑하는 것이다.

그러므로 하나님 없는 침묵은 자기 침묵이고, 하나님 없는 고독은 그저 처량함일 뿐이다. 그래서 성서 묵상이 중요한 것이다. 우리를 향한 편지를 읽어야 매일 그분의 속삭임과 사랑을 들을 수 있기 때문이다. 살아가는 이유가 견고해지기 때문이다.

13
항상 똑같은 삶의 패턴이 중요하다

항상 똑같은 삶의 패턴이 중요하다. 새벽에 일어나서 새벽 예배를 드리고 내가 해야 할 분량의 기도를 드린 후 집으로 돌아오면 독서와 함께 글을 쓴다. 아침 식사를 하고 난 후에는 교회로 출근하거나 원고를 정리한다. 한 달에 한 번 한 주간은 큐티 원고를 쓰고 평상시에는 기고할 원고들을 쓴다. 점심 식사 후에는 주로 독서가 이뤄지지만, 강의 준비와 지체들을 돌보는 일들을 한다. 그리고 오후 3시 제구시 기도 시간을 갖는다.

늦은 오후 길을 나선다. 침묵기도를 담은 걷기 묵상으로 이 세상을 걷는다. 50분 정도의 걷기 후 들어와 샤워를 하고 나면 저녁 식사를 한다. 저녁 식사 후에는 잠시 휴식을 취한 후 독서와 나머지 원고들을 정리하고 하루의 끝자락에 새벽 예배 말씀을 준비한다. 그리고 아내와 함께 10시 공동체 침묵기도로 하나님을 대면한 후 잠자리에 든다.

항상 똑같다. 이러한 삶을 기본으로 삼아 산다. 300년 동안 주님과 동행했던 에녹이 될 수는 없지만, 그 비슷한 삶을 산다. 그렇게 하루를 산다.

5 성숙한 신앙인은 일상이 동일하다

14
그동안의 삶과는 정반대로 살아야 한다 1

우리는 우리 자신을 정확하게 알지 못한다. 그런 우리에게 주님은 벌거벗은 상태라고 말씀하셨다.

> "네가 말하기를 나는 부자라 부요하여 부족한 것이 없다 하나 네 곤고한 것과 가련한 것과 가난한 것과 눈 먼 것과 벌거벗은 것을 알지 못하는도다"(계3:17)

1999년 내가 한 세숫대야 피를 토하고 쓰러진 후 내가 깨달은 것이었다. 무엇보다 내가 가난하고 헐벗고 곤고하고 형편없이 가련하다는 것을 알았다. 분명히 위암은 그동안 내가 간과했던 것들, 보지 못했던 것들을 보게 하였다. 그때 나는 내 삶을 재구성해야 했다. 전혀 다른 방향을 걸어야 했다. 의사 선생님은 나에게 이렇게 권면했다.

'병이 생긴 것의 상당 부분은 그동안의 삶의 방법과 관계있습니다. 그러므로 이제 정반대로 살아보십시오.'

15
그동안의 삶과는 정반대로 살아야 한다 2

　그동안 내가 살아왔던 삶을 돌아보았다. 온통 나쁜 것투성이였다. 나는 그동안 방치하였던 나의 삶을 정반대로 바꾸기 시작했다. 다른 틀을 만들었다. 지금까지 내가 죽지 않고 살아남은 방법이었다.

　　부드럽고 간결한 음식을 먹기
　　나를 강하게 몰아붙이는 자극적인 음식과 생각들을 포기하기
　　생각들을 집착하지 않고 단순화하며 흘려보내기
　　보지 않던 것 돌아보기
　　죽도록 하기 싫었던 것을 다시 직면하기
　　용서하기
　　더 적극적으로 구체적으로 회개하기
　　분노를 제어하기
　　세속적 욕망을 줄이기
　　잠잠히 걷기
　　떠들지 않고 기다리기
　　하나님의 임재 안에 나를 맡기기

　그 후 놀라운 일이 벌어졌다. 다른 틀은 다른 생각을 하게 하였다. 그것은 그동안 보지 못하던 것들을 보게 하였다. 내가 다른 삶을 살게 된 이유이다.

16

풀은 풀이고, 풀은 바뀌지 않는다

"모든 육체는 풀이요."(사40:6)

풀과 같다. 바람에 날려 가는 존재이다. 그리고 겨울이 오면 사라지는 존재이다. 물론 봄에 다시 살아나지만 그렇게 반복한다. 그것이 풀이다. 모든 육체, 우리 인간은 모두 풀과 같다. 그런데 풀이 교만하다. 목이 꼿꼿하다. 그래서 어리석다.

"모든 육체는 풀이요 그의 모든 아름다움은 들의 꽃과 같으니 풀은 마르고 꽃이 시듦은 여호와의 기운이 그 위에 붊이라 이 백성은 실로 풀이로다"(사40:6-7)

모든 육체, 인간의 존재 됨은 우리의 근원이신 하나님에게서 나온다. 스스로 설 때 풀에 불과하지만, 하나님에게 기대될 때 비로소 다른 존재가 되기 때문이다. 잊지 말아야 한다. 풀은 풀이고, 풀은 바뀌지 않는다. 그러므로 하나님에게 기댈 수 있는 것은 은혜이다. 그때에만 우리의 존재는 분명해지는 것이니까.

풀은 풀이다 / 바람에 누이고 / 바람에 일어선다
꼿꼿해선 안 된다 / 바람에 꺾이고 / 바람에 무너진다

165

17
침묵은 마음의 문제이다

침묵하기 좋은 곳을 사람들은 찾는다. 하지만 세상 어디에도 침묵하기 좋은 곳은 없다. 특히 마음의 소음이 가득한 자들에게는 장소에 영향을 받는 것이 아니라 마음의 영향을 받기 때문이다.

마음의 소음, 생각을 만질 수 있는 자라면 세상 어디에서나 침묵이 가능하다. 침묵은 하나님 앞에 서는 행위이기 때문이다.

얼마나 홍해가 거셌을까? 얼마나 애굽 전차들의 바퀴 소리와 함성이 컸을까? 그래도 침묵해야 했고 침묵할 수 있었다. 하나님이 일하시기 때문이다. 침묵은 상황(주변)의 문제가 아니라 상태(마음)의 문제이기 때문이다.

> "너희는 두려워하지 말고 가만히 서서 여호와께서 오늘 너희를 위하여 행하시는 구원을 보라"(출14:13)

18
사람들은 하나님을 생각하지 않는다

하나님을 생각하는 것은 힘들다. 생각하는 순간부터 우리는 우리 삶을 돌아봐야 하기 때문이다. 그때 우리의 죄와 일그러진 욕망들을 내려놓아야 한다는 부담을 받는다. 그래서 하나님을 생각하는 것을 피한다.

사람들은 하나님을 생각하지 않는다. 내 안에서 벌어지는 싸움을 하기도 싫어한다. 아무 생각 없이(침묵과 다른) 빈 머리로 살아간다. 오랜 시간 동안 경험하며 만들어진 대로, 내게 영향을 준 것들을 따라 프로그램된 대로 움직인다.

그때 기준은 오로지 자기 자신이다. 내가 좋아하는 것, 나를 쾌락하게 하는 것, 내게 재미있는 것, 즐거운 것, 신나는 것은 모두 선이 된다. 사람들은 감각을 사용하고 극대화한다. 눈으로, 귀로, 손으로 보고 듣고 만지는 것으로 만족을 삼는다.

생각과 마음, 정신과 영은 귀찮아진다. 생각 없이 사는 물질이 된다. 당연히 신앙이나 종교도 그것에 적합한 형태로 발전한다. 사람이 그렇게 만들어 교리화한다. 그렇게 하나님이 원래 창조하신 사람이 사라지는 순간, 하나님과 전혀 연관이 없는 육체가 되는 순간 우리는 종말을 만나게 되는 것이다.

담백한 삶은 우리의 영성을 깊어지게 한다

일상적인 생활을 하면서 수련하는 생활 예배자의 삶은 좋은 것들로 채우는 것이다. 그동안 살면서 익숙해졌던 생각 없는 대화와 삶의 방식들은 당연히 버려야 한다. 그래야 우리의 영성은 더 깊어진다.

거친 음식보다는 담백한 음식을 즐기고
쓸데없이 불필요한 대화를 멀리하고
지나친 쾌락이나 음주, 흡연을 즐기는 것을 삼가고
가끔은 스스로 고독으로 길을 걷거나
홀로 고요한 침묵의 시간을 사는 곳에 만들며
지나친 과식과 폭식은 삼간다.

우리의 삶은 우리의 영성에 영향을 준다. 분명히 생각을 정리하고 자기를 부정하는 것을 단순히 침묵을 통해서만 하는 것은 한계가 있다. 반드시 우리 삶의 방법을 정갈하고 단순하게 하는 것이 병행되어야 한다.

20
'좀 더'의 욕망을 멈출 수 없는 것이 문제다

자기 부정의 시작은 '좀 더'라는 속삭임에 반응하지 않고 멈추는 것이다. 누구나 죄와 욕망에 사로잡힐 수 있다. 하지만 제대로 수련된 영성가들은 멈출 수 있는 존재들이었다.

예수님도 그리하셨다. 심지어 그분도 유혹 받으셨다. 하지만 그분은 아예 '좀 더'를 행하지 않으신 분이셨다.

> "모든 일에 우리와 똑같이 시험을 받으신 이로되 죄는 없으시니라"(히4:15)

우리의 죄는 모두 '좀 더'에 있다. 더욱이 브레이크가 고장 난 폭주 기관차처럼 '좀 더'를 과도하게 쓰는 경우가 있는데, 이때는 회복이 불가능하다. 어떤 강력한 제재만이 막을 수 있기 때문이다. '좀 더'의 욕망을 멈출 수 없는 것이 문제다.

성숙한 신앙인은 일상이 동일하다

세상을 사는 사람으로 수도적 삶의 중요성은 지속적인 일상성에 있다. 자신이 살고 있는 삶에 충실한다. 학교, 직장, 가정 그리고 예배자로서 늘 동일한 삶을 산다.

공부를 게을리하는 학생, 자기 계발을 하지 않으며 안주하는 불성실한 직장인, 부모 그리고 남편과 아내, 자녀의 삶이 엉망인 사람 그리고 자기 편의에 따라 예배하고, 기도하고, 큐티하고, 봉사하고, 헌금하는 그런 불규칙적인 신앙인. 모두 제대로 된 영성가라 볼 수 없다.

올바른 수도적 삶을 사는 영성가들은 사회적인 삶 역시 옳은 규칙을 가지고 움직인다. 언제나 안전해 보이는 기본적인 자기 규칙을 가지고 있다. 그러므로 불규칙적이고 어디로 튈지 모르는 즉흥성과 자기중심적 편의주의 그리고 무절제함과 자기 규칙이 없는 삶. 그런 삶을 사는 이들은 수도적인 삶을 추구하더라도 어떤 진보도 이뤄지지 않는다. 시간이 흐른 것 외에는 아무런 변화도 없을 것이다.

22
기도는 끝내는 것이 아니다

우리가 기도할 때 하나님은 우리에게 응답하신다. 먼저 하나님은 평화와 확신을 주신다. 그래서 기도의 자리를 내려온다. 그런데 시간이 지나면서 의심이 시작된다. 왜 그럴까?

이처럼 기도를 하였지만 불안하거나 의심하는 이유는 기도를 일회적으로 그 시간에만 하고 기도를 끝내기 때문이다. 그리고 더 이상 기도하지 않기 때문이다. 기도의 자리에서 내려와서는 일상적 삶에 치여 살기 급급할 뿐이다. 정신없이 살기에 자신의 기도 제목을 잊거나 혹은 그 기도 제목이 튀어나오면 걱정만 한다. 그리고 불안해진다. 자신이 드린 기도를 의심하기에 이른다.

기도는 끝내는 것이 아니다. 시간을 정해놓고 기도한 후에도 그 기도는 내 마음속에 남아 있어야 한다. 그리고 계속 그 기도를 해야 한다. 삶의 현장으로 데리고 들어와 삶이 되어야 한다. 이처럼 계속 기도하고 있는 까닭에 평화와 확신이 사라지지 않을 것이고 우리는 어느 날 하나님의 구체적인 응답과 실행을 보게 될 것이다. 그러므로 기도는 끝내는 것이 아니다.

수련은 거짓 자아가 폭발할 때까지 지속되어야 한다

거짓 자아를 인식하고 나 자신이 그 거짓 자아에 의해 휘둘리고 있음을 알더라도 당장 우리가 새로워지는 것은 아니다. 오히려 그때가 힘든 시기다. 내 거짓 자아의 모습을 알기 때문이고 그로 인해 내 행동의 동기가 순수하지 않다는 것을 인식하기 때문이다.

그래서 사람들은 수련을 멈추거나 태만해진다. 거짓 자아의 자기 방어에 넘어간 것이다. 우리의 침묵과 수련은 거짓 자아가 폭발할 때까지 지속되어야 한다. 일종의 깨달음, 성령의 만지심을 통한 각성에 이뤄질 때까지를 말한다.

이 놀라운 깨달음이 짧은 시간에 이뤄지지 않지만 길을 안다는 것은 얼마나 귀한지 모른다. 멈추지 말 것을 권면한다.

24
모호하지만, 희미하지만, 불확실하지만, 안다

아무리 우리 내면에 하나님이 내주하시더라도 우리가 하나님을 인지하는 것은 불가능하다. 욥이 말한 것처럼 우리는 하나님이 우리 곁에 계신 것을 어렴풋하게 알뿐이다. 설령 우리가 하나님을 인지했을지라도 그 인지한 하나님을 표현하는 것은 교만한 것이다. 하나님은 표현할 수 없는 분이시기 때문이다.

그래서 언제나
하나님을 만난 사람은 고요하다.
바울처럼 언제나 눈이 먼다.
심지어 죽는다.
존재할 수 없다.

우리의 표현이 시적일 수밖에 없는 이유이다. 매우 상징적인 언어로 하나님을 말하는 것, 그러나 정확하게 표현할 수 없는 나만의 확실함 정도라 할 것이다. 모호하지만, 희미하지만, 불확실하지만, 아는 것이다.

25
내적 자아가 깨어난 자의 예배는 단순하다

내적 자아가 깨어난 자의 예배는 단순하다. 그저 하나님의 말씀만 읽어도 내적 자아는 반응하며 감격하며 환호하기 때문이다. 다른 특별한 양념 같은 형식이 필요하지 않다. 예배하러 나오는 것만으로 흥분되기 때문이다. 늘 하나님을 만나지만 특별한 만남으로 나오기 때문이다.

하나님을 경험하는 내적 자아의 깨달음이 이뤄진 자들은 삶이 예배가 된다. 불의함 앞에서는 정의가 살아나고 더러움 앞에서는 성결이 꿈틀거린다. 거짓 앞에서는 민감해지고 위선 앞에서는 분노가 싹튼다.

그러므로 정결한 자들의 분노와 성결의 반응을 주의할 필요가 있다. 이것은 거짓 자아에 의한 것이 아니기 때문에 이 세상이 말하는 반응에 일희일비하지 않기 때문이다. 그래서 정직한 자들의 분노와 정직한 자들의 기쁨을 주의해야 하는 것이다.

26
내가 나를 보는 것이 영성의 깊이다

내가 나를 들여다보고 주시한다. 내가 무슨 생각을 하고 있고 내가 어떤 생각에 사로잡혀 행동하게 되는지를 주의한다. 내적 자아의 각성에 이르게 되면 벌어지는 현상이다. 내가 나를 보게 된다. 여기서 전자의 나는 각성이 이뤄진 나, 곧 내적 자아이고 후자의 사로잡힌 나는 거짓 자아이다.

로마서 7장에서 바울이 고통한 것은 이 같은 인식이 이뤄졌기 때문이다. 내가 나를 봤기 때문이다. 그런데 그 거짓 자아의 횡포를 도무지 막을 길이 없어서 괴로워했던 것이다.

그러나 상당수의 사람은 자기를 객관화시켜 볼만한 능력이 없다. 그래서 매우 육체적인 것을 중요시한다. 내가 지금 느끼고 경험하는 것을 중요하게 여긴다. 그것이 거짓 자아가 지시하는 것임을 전혀 인지하지 못한다.

그때부터 흘러가는 대로 산다. 시간은 매우 빠르게 지나간다. 인식하지 못한다. 이미 죽은 것과 같이 된다. 그런데 거기에 종교가 붙는다. 자신을 합리화시켜준다. 정말 위험한 상황에 이른 것이다.

죄가 남긴 상처와 후유증이 있다

죄는 상처만 남는 것이 아니라 후유증을 남긴다. 우리가 침묵을 통하여 주로 만나는 것은 상처 같은 것이다. 잊힌 것이다. 그래서 끄집어내는 것이 의미가 있을까 생각한다. 하지만 상처에는 메시지가 있다.

하나님이 나를 버리셨는지도 모른다.
나를 용서하지 못할 수도 있다.

이 같은 내면의 메시지 때문에 우리는 망각 메커니즘을 사용해서 잊은 것이다. 그러므로 이미 잊힌 것이라고 스스로 되뇌지만 드러나기를 두려워하는 것은 여전히 아픔 혹은 수치로 남아 있다는 뜻이다.

더 중요한 것은 후유증이다. 그 죄를 지은 이후 우리의 마음의 상태는 바뀐다. 소위 죄를 경험한 자의 상태가 된 것이다. 새로운 종류의 거짓 자아가 형성된 것은 두말할 것도 없다. 그러므로 침묵으로 인해 수면으로 올라오는 죄를 두려워해서는 안 된다. 그것을 직면해야 하고 나를 바라봐야 하고 하나님의 은혜를 받아들여야 한다. 그렇게 과거의 나와 화해하고 하나님의 현존 앞에 서야만 한다. 그것이 치유이고 하나님의 용서를 확증하는 것이다.

28
날마다가 중요하다

"날마다가 중요하다. 날마다의 핵심은 '의식하는 것'이다. 이처럼
날마다 의식하는 것을 '열망'이라 부른다. 그것이 신앙이다."
-'하루동행' 중에서

날마다 하나님 앞에서 하나님을 의식하며 살아간 자는 죄와 더러
움에 민감해질 수밖에 없다. 더욱이 자신을 포기하지 않고 수련한 자
들은 그 더러움과 죄 앞에서 담대해진다. 거절할 수 있는 삶, 다른 존재
로의 삶을 살 수 있는 것이다.

이미 악을 행하는 자들은 그 나름대로 악한 방법의 '날마다'를 수행
한 자들이다. 그래서 뻔뻔한 것이고 그토록 악한 것에 용감한 것이다.
우리에게 선하고 거룩한 것을 향한 날마다가 필요한 이유이다.

29
침묵할 수 없는 가장 큰 요인은 바로 나 자신이다

오직 나만이 나를 침묵하게 할 수 있다. 누군가에 의해 침묵 당할 때 그것은 침묵이 아니라 침묵의 강요이며 그때 내 안에서는 온갖 말이 흘러나올 수밖에 없다. 그러므로 침묵이 아니다.

그런데 나는 나를 침묵할 수 없다. 침묵할 수 없는 가장 큰 방조자는 바로 나 자신이기 때문이다. 침묵할 때 자신은 사라지는 경험을 하기 때문이다. 즉 나를 주장하는 까닭이 침묵이 불가능한 이유이다.

하지만 그 '나'가 진정한 나일까? 이미 진정한 나는 점령당했다. 다른 나 곧 죄와 연합한 '나'가 나를 지배하고 있을 뿐이다. 오직 나만이 나를 침묵하게 할 수 있는데, 진정한 나는 저기 밑에 가둬져 있는데, 어떻게 침묵이 가능하겠는가?

30
영성가는 계획하는 사람이 아니라 듣는 사람이다

영성가는 계획하는 사람이 아니라 듣는 사람이다. 하나님의 음성을 듣고 실천하는 자다. 하나님만이 우리에게 가장 좋은 길이 어디인지 아신다는 것을 영성가는 인지하기 때문이다.

> "내가 가는 길을 그가 아시나니 그가 나를 단련하신 후에는 내가 순금 같이 되어 나오리라"(욥23:10)

그러므로 영성가는 고민하지 않는다. 특히 자신의 길에 대하여는 걱정하지 않는다. 오히려 매 순간 하나님의 임재와 섭리에 민감하려고 할 뿐이다. 하나님의 인도하심을 신뢰하면서 말이다.

31

노동만큼 기도가 필요하다

'Ora et labora' 기도하며 일하라. 베네딕토 수도회의 삶은 '기도하며 일하라'로 요약할 수 있다. 기도가 노동이고 노동이 기도란 말이다. 기도와 노동이라는 두 가지 방식이 생활 양식이었다는 뜻이지만 기도와 노동을 같은 무게로 살아야 한다는 뜻이기도 하다.

세상을 사는 동안 노동이 필요하지만 동시에 세상을 사는 동안 하나님 앞의 기도가 필요하다.

사실 우리의 위기는 기도 없는 과도한 노동에 있다. 왜곡된 노동에 이르게 한 원인이기도 하다. 곧 불법과 더러움과 세속적 권력과 쾌락을 위한 노동에 열심을 기울이는 결과로 나타났다. 이 같은 위기는 기도와 노동의 균형이 무너졌기 때문이다. 과도하게 노동으로 기울어졌고 기도 없는 노동 때문에 세속적 타락으로 이어진 것이다.

노동만큼 기도가 필요하다. 세상에 살기 때문에 하나님 앞에 서는 것이 더 중요하다. 그 균형이 깨어져서는 안 된다.

나는 침묵함으로 쉰다

1
교회에서도 신앙인, 세상에서도 신앙인이 되어야 한다

하나님을 의식하지 않고 살았다. 교회에서만 하나님을 믿고 세상에서 살 때는 하나님을 잊으며 살았다. 그 교회에서의 삶으로 세상에서 저지른 불의와 악을 위장하였다.

> 교회에서는 신앙인
> 세상에서는 불신앙인

우리의 정체이다. 교회에서는 신앙인이지만 세상에서는 불신앙인인 우리는 세상에 난무하는 불의와 악에 대하여 아무 말도 하지 않고 오히려 우리 스스로 또 다른 악의 축이 되어 살아왔다.

이처럼 우리가 더러워지자 우리는 더 큰 더러움을 비판하기가 어려워졌다. 그런데 그렇게 주저하고 침묵하는 사이에 더 큰 더러움은 지극히 강력한 더러움과 불의로 진화하였다.

앞으로 더러움과 불의는 다른 모습으로, 더 기막힌 위장을 하며 진화할 것이다. 이제 남은 것은 우리다. 교회에서도 신앙인, 세상에서도 신앙인으로 성숙해져야 한다. 그나마 흐르는 더러움과 불의를 조금이라도 막는 방법일 것이다.

2
수도적 삶은 생활화되어야 한다

본래적으로 타락한 존재란 말은 본성의 죄성을 말한다. 또한 본래적이란 것은 그것의 깊이와 넓이와 강력함이 우리의 의지를 뛰어넘는다는 것을 의미한다. '원하는 바 선은 행하지 않고 원하지 아니하는 바 악'을 행하는 자동적 상태가 오는 까닭이다. 동시에 우리가 수도적 삶을 살면서도 여전히 죄와 동행하는 이유이다.

결국 죄를 이기는 것, 본성을 거슬러 다른 존재로 사는 것은 하나님의 전적인 임재와 통치에 달려 있는 것이지 나의 노력이나 추구에 달려 있는 것이 아니다. 그러므로 육체의 연습은 분명 도움이 되나 완전에 이르게 하는 것은 아니다. 육체적 노력의 제한성이다.

> "육체적인 훈련이 가져다 주는 이익은 대단한 것이 못됩니다. 그러나 경건한 생활은 모든 면에서 유익합니다. 그것은 현세의 생명을 약속해 줄 뿐 아니라 내세의 생명까지도 약속해 줍니다."
>
> (공동번역/딤전4:8)

생활이 되어야 한다. '경건한 생활', 즉 우리의 수도적 삶은 생활화되어야 한다. 쉽고 단순하지만 호흡하듯이 밥 먹듯이 생활로 이어져야 한다. 모든 영성 생활의 기본은 여기에 있다.

3
크리스천은 하나님에게 말하는 사람이다

"그 때 나는 어떤 사람과도 상의하지 않았고 또 나보다 먼저 사도
가 된 사람들을 만나려고 예루살렘으로 가지도 않았습니다. 나는
곧바로 아라비아로 갔다가"(공동번역/갈1:16-17)

'그때 나는 어떤 사람과도 상의하지 않았다.' 바울이 다메섹에서 주
님을 만난 후 그가 간 곳은 아라비아 사막이었다. 사람과 상의한 것이
아니라 주님을 직접 만나고자 하였다.

사실 우리는 크리스천이라 말하면서도 사람과 말하고, 사람의 위
로와 사람의 도움을 받고자 한다. 크리스천, 하나님의 자녀, 새로운 피
조물인 우리가 무엇보다 먼저 하나님을 대면하는 것을 소홀히 하는 것
이다. 그러므로 기도, 예배 그리고 모든 신앙생활이 알고 보면 자기 필
요에 의해 진행된다. 고독할지라도 하나님을 직접 만나는 간절함이 없
다.

신앙의 성숙에 이른 자들은 사람과 상의하는 것보다 먼저 하나님
을 대면한다. 하나님을 속삭이며 하나님에게 의존한다. 하나님에게 말
한다.

4
숨어 있는 자는 성경을 밥으로 삼는다

숨어 계신 하나님을 만나는 자는 은수자(隱修者/hermit), 숨어있는 자가 된다. 더욱이 세상의 즐거움을 추구하지 않고 하나님을 추구하는 까닭에 숨어있는 자가 된다.

숨어있는 자는 성경을 밥으로 삼는다. 성경을 먹으면서 은수자의 내면은 풍요롭고 배가 부르다. 세상의 어떤 권력이나 부요나 명예 같은 것에 흔들리지 않는다. 이미 배부른 까닭이다. 기웃거리지 않는다.

그러므로 배고픔을 느끼고 밥을 먹기를 추구하듯이 하나님을 사모하며 그 밥으로 말씀 먹기를 사모하는 것은 매우 당연한 현상이다. 이렇게 묻고 싶다. '배고프지는 않은가?'

5
수도자로 세상을 사는 것은 피곤한 일이다

세상의 한구석을 다니고 오면 매우 피곤하다. 세상의 시장과 세상의 사람들, 세상 이야기를 듣고, 부딪히고 나면 녹초가 된다. 이상한 일이라고 생각하지 말라. 마치 맑은 물고기가 오염된 강물에 들어서면 고통스러운 것이 당연한 것과 같지 않은가?

수도자로 세상을 살 때도 마찬가지다. 지칠 것이다. 더욱이 세상이 하나님의 나라의 통치를 받지 않고 움직이면 더욱 우리는 지칠 것이다. 우리의 내면이 하나님의 뜻에 순종하면 할수록 피곤은 극심해질 것이다. 세상의 한구석이라도 걸으면 녹초가 될 것이다. 그래서 하나님 자녀의 정체성을 버리고 살고 싶은 유혹을 받는 것이다.

스스로 타락하고 싶을 것이다. 더럽게 되고 싶을 것이다. 입었던 흰옷을 벗어버리고 더럽혀진 옷을 입고 싶을 것이다. 이 같은 일이 벌어지는 것은 당연하다. 이미 하나님 나라의 윤리로 살고 싶은 수도자의 길에 들어섰기 때문이다.

6
우리의 은둔은 다시 세상으로 나가기 위함이다

세상을 사는 것은 폴 틸리히가 말한 것처럼 '흔들리는 터' 위에 있는 것 같다. 매일 세상을 걸으며 토할 것 같고, 그 현란함과 더러움이 동시에 경험되는 것 때문에 너무 힘이 들 것이다. 그래서 피하고 싶어진다.

주님과 더 깊이 교제가 이뤄지고 주님으로 인한 평안을 경험하기 시작하면 세상을 떠나고 싶다. 그래서 베드로는 "여기 있는 것이 좋사오니"(눅9:33)라고 말을 꺼냈다.

우리 침묵기도나 수련의 목적을 간혹 오해한다. 세상을 떠나는 것처럼, 베드로의 요청 같은 것이라고 생각한다. 이것이 수도원 운동이 만날 위험성이다. 변화 산에서 주님은 그 같은 베드로의 요청에 행동으로 답하셨는데, 그 산을 내려가는 것이었다. 다시 세상으로 들어가신 것이다.

우리가 수련하는 것은 자기 자신에게 침잠하고 빠지거나 숨기 위함이 아니다. 우리의 고독과 침잠 심지어 은둔은 다시 세상으로 나가기 위함이다. 그러므로 만일 온전한 수련이 이뤄지지 않으면 평생 숨어서 사는 존재가 될 것이다. 그 사람은 세상을 살면서 싸우고 무너지기를 반복하며 무너짐을 경험하며 부끄러워하는 크리스천보다 훨씬 못한 이기적 수련자에 불과함을 잊지 말아야 한다.

7
우리가 할 수 있는 말의 전부

"아버지, 저는 하늘과 아버지께 죄를 지었습니다. 이제 저는 감히 아버지의 아들이라고 할 자격이 없습니다."(공동번역/눅15:21)

아무리 생각해도 내가 할 수 있는 말은 이것밖에 없을 것 같다. 무슨 다른 말을 할 수 있을까? 이 흩어지는 세상 앞에 조용히 나를 외친다.

8
쉬지 말아야 하는데 쉬고 있다

"너희 여호와로 기억하시게 하는 자들아 너희는 쉬지 말며"(사62:6)

쉬지 말아야 하는데 우리는 쉰다. 기도할 때에도 간헐적으로 기도한다. 어떤 때는 그 간헐적인 기도마저 쉰다. 그동안 드렸던 기도조차 기도가 아니라 그저 자신의 넋두리 같은 것이었다.

저 성벽에 올라가 쉼 없이 하나님께 말해야 하는 것이 얼마나 많은데 여기 앉아 쉬고 있는가? 자고 있는가? 무너지는 나라 앞에 하나님 나라가 이뤄지길 기도해야 하는데 우리는 쉬고 있다. 아예 잊고 있다. 그저 성벽 위에서 멍하니 앉아 있다.

9
죄를 지을수록 무(無)로서의 존재 됨이 드러날 뿐이다

우리의 근원이 먼지 같은 존재라는 것을 잊어서는 안 된다. 더욱이 타락한 존재라는 사실도 잊지 말아야 한다. 결국 '무'(無)와 같은 존재가 자신을 주장하는 것은 죄인 것이다.

우리의 뿌리가 '무'(無)인 까닭에 하나님을 떠나 죄를 지을수록 '무'(無)로서의 존재 됨은 더 분명해진다. 하나님의 호흡 없이 한순간도 살 수 없는 존재이기에 하나님으로부터 떨어질수록 우리는 더욱 깊은 절망과 허무를 느끼는 이유이다. 그래서 그 같은 허무를 채우기 위하여 모든 종류의 욕망과 세속적 번영과 성공을 추구하는 것이다. 성취해도 만족할 수 없는 것인 줄도 모르고 말이다.

죄는 우리를 더욱 죄스럽게, 무가치한 존재 됨을 드러나게 할 뿐이다. 기억해야 한다. 우리가 하나님으로부터 온 존재라는 것, 그러므로 하나님을 알수록, 하나님과 연합할수록 우리는 우리 존재 됨의 가치를 얻는 것이다. 존재의 가치는 하나님으로부터 비롯되기 때문이다.

10
수도자의 성숙이란 하나님의 기쁨을 경험하는 것이다

침묵이 깊어지고 그분과 깊은 일치가 이루어지면 벌어지는 현상은 하나님이 기뻐하시는 것을 경험하는 것이다. 하나님의 미소가 느껴지는 것이다. 나를 사랑하시는 하나님의 터치를 만나게 된다. 그때 모든 욕망이 사라진다. 하나님이 기뻐하시는 것이 완전한 만족이 된다.

미성숙함이란 나의 기쁨과 만족에 초점 되어 있지만, 수도자의 성숙이란 하나님의 기쁨을 경험하는 것이다. 스바냐 선지자가 깨달은 것처럼 말이다. 어떤 절망도 비극적 상황도 하나님의 즐거워함으로 인해 이길 수 있는 것이 된 것처럼 말이다.

> "너의 하나님 여호와가 너의 가운데에 계시니 그는 구원을 베푸실 전능자이시라 그가 너로 말미암아 기쁨을 이기지 못하시며 너를 잠잠히 사랑하시며 너로 말미암아 즐거이 부르며 기뻐하시리라"(습3:15)

11

스스로 사랑에 빠져 하나님에게로 나아간다

"보라 내가 그를 타일러 거친 들로 데리고 가서 말로 위로하고"
(호2:14)

하나님이 사막, 그 '거친 들'(빈들)로 부르시는 이유는 "이제 나는 그를 꾀어내어 빈들로 나가 사랑을 속삭여 주리라"(공동번역/호2:14)라는 표현처럼 매우 개인적인 친밀한 대화를 나누고 싶으시기 때문이다. 마치 부부가 속삭이는 것처럼 말이다(호2:16). 거기서 기다리신다.

그렇게 우리가 스스로 거친 들로 나간다. 그분을 사모하여 그리워하면서 모든 세상의 소리와 유혹들을 뒤로하고(침묵) 그분을 만나러, 그분의 사랑 안으로(기도) 스스로 들어간다.

얼마나 아름다운가? 그분이 얼마나 좋아하실까? 그분이 우리를 꾀어내기도 전에 우리가 스스로 사랑에 빠져 그분에게로 간다면 얼마나 좋아하실까?

12
호흡은 그리스도를 숨 쉬는 것이다

"내게 산다는 것은 그리스도이다."(하정완의역/빌1:21)

호흡이 그리스도로 말미암기 때문이다. 내가 존재하는 것은 그분으로 말미암기 때문이다. 그러므로 호흡은 그리스도를 숨 쉬는 것이고 말하는 것은 그리스도를 생각하는 것이다.

그렇다면 침묵이란? 침묵은 내 호흡을 멈추고 그리스도가 숨 쉬는 것을 받아들이는 것이다. 그분으로 내가 숨 쉬는 것을 배우는 시간이다. 어느 날 깊어지면 그분으로 사는 것이다.

13

사랑이 모자라서 그렇다

시간이 모자란 것이 아니다. 마음이 모자란 것이다. 아무리 많은 시간이 주어져도 우리는 여전히 시간이 모자랄 것이다.

사랑의 문제라서 그렇다. 사랑은 마음의 문제이지 시간의 문제가 아니다. 사랑이 모자라서 우리는 언제나 시간 타령을 할 뿐이다.

당신에게로 가는
나의 시간

당신의 목소리
당신의 속삭임
그 사랑 때문에

설레는 기대
너무 기다려져
주체할 수 없는
즐거움

14
예수는 손님이 아니라 주인이시다

"마리아가 첫 아들을 낳아서, 포대기에 싸서 구유에 눕혀 두었다. 여관에는 그들이 들어갈 방이 없었기 때문이다."(새번역/눅2:7)

'들어갈 방이 없었다.' TNIV는 이 부분을 "no guest room available"라고 번역했다. 옳다. 아기 예수는 손님(guest)이었다. 방이 없던 결정적 이유였다. 아기 예수를 맞아들일 빈방, 게스트룸이 없었던 것이다.

무지 때문이다. 예수는 손님이 아니라 '주인'이신 것을 몰랐기 때문이다. 우리의 주인이신 예수는 안방에 들어와야 할 분이셨다. 그분이 안방 침대에 눕고 나는 그 발치에라도 누울 수 있으면 아름다운 것임을 몰랐던 것이다.

기독교의 위기는 예수를 게스트룸에 모시는 정도의 손님으로 생각하는 데 있다. 나를 잘 되게 해주는 좋은 손님 정도로 이해하는 데 있다. 내 주인, 나의 주님으로서 예수를, 내 아빠 아버지로서 하나님을 실제적으로 인정하지 않기 때문이다. 그러므로 마음을 열고, 주님을 내 주인으로 받아들이지 않는다면 크리스마스는 고작 이사 간 후 손님을 맞는 '오픈 하우스' 의식 정도에 불과할 것이다.

15

침묵의 방을 꾸미고 주님을 기다리다

"여관에는... 들어갈 방이 없었기 때문이다."(새번역/눅2:7)

왜 방이 없었겠는가? 방은 있었겠지만 구별하여 놓은 방이 없었다는 의미이다. 구별하여 놓은 '거룩한 방.' 침묵은 마음의 거룩한 방이다. 아무도 침범하지 못하는 그분을 기다리는 방, 기다리면서 더러운 것들을 치우고 버리고 태우고 흘려보내고 단정하게 준비하는 방, 그것이 침묵이다. 곧 회개이다.

그래서 나는 불을 끈다. 나의 욕망을 보지 않기 위해서이다. 가끔 촛불을 켠다. 임재를 기다리는 표현이다. 의자나 방석으로 자리를 마련하여 세상을 향하던 나의 시각을 주님에게로 돌리는 표시로 방향을 바꾼다. 내가 좋아하던 음악도 듣지 않고, 상징물도 보지 않는다. 어떤 것에도 의지하지 않고 오로지 내 안에 계신 주님만 기다린다.

'오, 주여! 오시옵소서. 종이 기다립니다.'

16
하나님이 이유 없이 그리워지다

하나님을 그리워하는 것은 쉽지 않다. 그럼에도 불구하고 내 안에 하나님을 향한 그리움이 생긴다는 것은 놀라운 일이다. 그 대상을 알기 때문에 일어나는 일반적인 그리움과 하나님을 그리워하는 그리움은 다르기 때문이다.

가장 큰 차이는 먼저 하나님이 우리를 사랑하시고 우리를 그리워하시기 때문이다. 그래서 우리의 하나님을 향한 그리움이 생기는 것이다.

그러므로 하나님이 이유 없이 그리워지는 것은 내가 그리워하는 것이 아니다. 그분이 우리를 그리워하시는 것이다. 그래서 우리의 그리움이 아름다운 것이다.

17
마음과 영도 피로할 수 있다

우리는 피로 사회에 있다. 사회 구조가 우리에게 과로를 요구한다. 우리가 시간을 조절하거나 통제하지 않으면 여지없이 피로한 구조 속에서 살게 된다. 어느 순간엔가 멈추지 못하는 자신을 발견한다. 멈추면 죽을 것 같은 두려움을 느낀다.

물론 피로에도 종류가 있어서 좋은 피로가 있다. 즐거운 일을 할 때 생기는 피로다. 그래도 피로는 피로다. 하지만 그때는 육체만 쉬면 된다. 그런데 나쁜 피로가 있다. 어쩔 수 없는 일들, 특히 그것이 생존 사회에서 벌어지는 피할 수 없는 일일 때 나타난다.

이처럼 나쁜 피로는 단순히 육체적 쉼만으로 해결되지 않는다. 그런데 사람들은 그 같은 것으로 해결된다고 생각한다. 이미 마음과 영이 피로한 상태인 것을 모른다. 그러므로 마음의 일을 멈추고 마음의 근원으로 들어가야 한다. 그곳에서 회복해야 한다. 새 마음으로 새로워져야 한다.

> "새 영을 너희 속에 두고 새 마음을 너희에게 주되 너희 육신에서 굳은 마음을 제거하고 부드러운 마음을 줄 것이며"(겔36:26)

18
영의 타락은 몸의 착취에서 비롯된다

몸을 착취해서는 안 된다. 몸은 착취할수록 육체적이 되어간다. 먹는 것을 추구하면 많이 먹고 이상한 음식들을 먹는다. 마시는 것을 추구하면 육체를 마비시키고 더 육체를 몽롱하게 하는 것들을 마신다. 육체의 감각을 즐긴다. 한 번 들어서면 더 많은 육체적 감각과 쾌락을 추구한다. 이 모든 것들이 몸을 착취하는 행위다.

그때 사람은 점점 육체로 채워져 간다. 영적인 부분조차 육적인 것들로 채워진다. 영적인 것이 육적인 모습을 하게 된다. 자신은 영적인 행위를 한다고 생각하지만 육적인 영의 상태, 곧 순수하지 못한 영적 상태에 이르게 된다.

그 시작이 몸의 착취에서 비롯된다. 그런데 사람들은 모른다. 무엇인가 비어있는 공허의 상태를 고작 육적인 것으로 채워 해결하고자 한다.

19
영은 영으로만 채워질 수 있다

우리의 신앙적 추구는 보이지 않지만 존재하시는 하나님을 추구하는 것이다. 이처럼 하나님을 추구하는 것은 우리의 존재론적 욕구와 관계가 있다. 하나님이 되고 싶었던 아담과 하와의 추구에서도 알 수 있다. 이 욕구가 발생하는 것은 존재론적 굶주림과 공허 그리고 결핍 때문이다.

그러나 굶주림, 공허와 결핍 같은 현상은 문제가 아니다. 문제는 이 굶주림과 허전함의 존재론적 원인은 보지 않고 보이는 물질적인 것으로 채우는 데 있다. 보이는 것으로 보이지 않는 것을 채우려 한다. 일시적으로 채워진 느낌이 들 수 있으나 채워진 것이 아니다. 오로지 영은 영으로만 가능하기 때문이다.

그러므로 우리의 본래적 피로함은 육체적인 휴식으로는 충분하지 않다. 반드시 영적인 쉼이 필요하다. 하나님 안에 거하는 쉼을 말한다. 그 외의 것으로는 채워질 수 없다. 영은 영으로만 채워질 수 있기 때문이다.

20
무조건 하나님 안에서 쉬라

광야로 나갔던 엘리야를 하나님은 음식을 제공하며 쉬도록 놔두셨다. 그렇게 충분히 쉬고 나자 엘리야는 다시 걸어갈 힘을 얻었다. 사십 주 사십 야를 걸을만한 존재가 된다. 죽겠다고 말하던 엘리야가 아니었다. 하나님 안에서 쉼 때문이다.

언제나 쉼은 하나님 안에서 이뤄져야 한다. 물리적으로 보면 대단한 음식을 먹은 것이 아니었지만 하나님과 함께함이 회복의 이유였다.

> "머리맡에 숯불에 구운 떡과 한 병 물이 있더라 이에 먹고 마시고 다시 누웠더니"(왕상19:6)

무조건 하나님 안에서 쉬라. 기도로 쉬고, 큐티로 쉬라. 예배로 쉬고 하나님의 사역으로 쉬라. 그때 비로소 온전한 쉼이 이뤄진다. 이것들 속에 하나님이 함께 계시기 때문이다.

21

하나님이 골방 속에 숨어 계시다

"너는 기도할 때에, 골방에 들어가 문을 닫고서, 숨어서 계시는 네 아버지께 기도하여라"(새번역/마6:6)

하나님은 골방 속에 숨어 계신다. 골방은 우리가 정직하게 드러나는 곳이기 때문이다. 혼자 있을 때는 감출 필요가 없으니까. 그래서 하나님은 골방으로 찾아오신다. 다시 말하지만, 하나님은 우리의 거짓 자아를 만나고 싶은 의사가 없으시다. 오랜 시간 동안 만들어진 완벽히 위장한 거짓 자아의 우리를 만날 마음이 없으시기 때문이다.

누구나 알고 있는 죄인들의 친구가 되신 이유가 거기에 있다. 그들은 죄인임이 드러났고 감출 수 없는 까닭에 더 이상 거짓 자아로 자신을 위장할 필요가 없었기 때문이다.

사실 하나님 앞에서 우리가 죄를 지었느냐 짓지 않았느냐는 중요한 문제가 아니다. 이미 주님은 그 모든 죄를 대신 짊어지시기 위해 오셨기 때문이다. 단지 문제는 거짓 자아가 아닌 진정한 자아, 더럽혀졌고 죄로 범벅이 되었어도 정직하게 하나님 앞에 선 자아인가의 문제일 뿐이다. 그분은 진정성을 만나고 싶어 하시기 때문이다.

22
아름다운 하나님을 만나기에 우리는 아름다워진다

하나님은 이상한 요구를 하지 않으신다. 죽으라고 요청하지도 않으시고 과도한 요구도 하지 않으신다. 사람들은 예수를 믿으면 모든 것을 포기하고 모든 것을 버려야 하며 종국에는 이상한 인간이 될 것이라고 생각한다. 그래서 하나님을 믿는 것, 좀 더 깊이 그분을 만나는 것을 두려워한다.

하지만 하나님을 알면 알수록 우리는 고상해진다. 아름다운 존재가 된다. 하나님은 아름다운 분이시기 때문이다. 그러므로 이상한 모습으로 변하는 사람들은 이상한 하나님, 왜곡된 존재를 만났기 때문이다. 아름다운 분을 만나면 아름다워지는 것이 당연하지 않은가?

23
나는 침묵함으로 쉰다

쉬는 것이 필요하다. 쉬지 못하여 피로한 사람들은 신경이 날카롭다. 쉽게 화를 낼 수밖에 없다. 원래 내가 화를 내는 존재가 아니라 쉬지 못하여 피로하고 날카로워졌기 때문이다. 그것을 알지만 쉬지 않는다. 쉬면 죽을 것이라 생각한다. 도태되고 뒤처질 것이라 생각한다.

나는 1999년 12월 26일 피를 한 세숫대야 쏟고 위암인 것을 알았다. 수술하고 회복하기까지 쉬어야 했다. 엄청난 에너지로 일하던 내가 쉬는 것은 너무 어려웠던 일이지만 어쩔 수 없이 쉬어야 했다. 그런데 놀랍게도 쉬면서 나는 새로운 힘을 얻었다.

그런데 쉼은 하나님 안에서 이뤄져야 한다. 세속적인 방법의 쉼, 먹고 마시고 놀고 쾌락하고... 이런 것들은 일시적인 것으로 내면적인 쉼까지 이르게 하지는 못한다. 사실 그것들도 또 다른 일이다. 노는 일, 먹는 일, 마시는 일 그리고 쾌락하는 일, 실제로 그런 세속적 쉼 후에 더 피곤한 이유다.

쉬는 것, 하나님 안에서 쉬는 것, 그것은 하나님이 주신 사명을 살기 위함이다. 그래서 나는 침묵함으로 쉰다. 하나님 안에서 쉰다.

24

하나님으로 외로워하는 이에게 자신을 드러내신다

친밀하지 않으면 그 음성이 들리지 않는다. 친밀하지 않은 자에게 말씀하지 않기 때문이고 설령 말씀하더라도 들을 준비가 되어있지 않기 때문이다. 그러므로 침묵은 하나님의 음성을 듣는 방법이 아니라 하나님의 임재를 기다리는 것이다.

침묵함으로, 세상의 모든 것들로부터 자신을 분리시켜 그리움으로 하나님을 연모하는 것이 침묵이다. 침묵은 그분의 몸짓 하나에도 민감하게 귀를 쫑긋 세우는 것이다. 그렇게 사랑하며 기다리며, 그분으로 외로워하는 우리에게 당신을 드러내실 것이다.

25

하나님을 바라보고 사랑하는 자가 하나님을 본다

습관처럼 언제나 방향을 하나님께 모든 것들을 둘 때 우리는 하나님이 일하시는 것을 보게 된다. 하나님의 것에 방향성을 둔다는 것은 하나님을 주목한다는 의미여서 그렇다. 그분을 바라보고 사랑하는 것, 그래서 그분이 보인다. 그분이 보이게 하신다.

아쉽게도 우리의 마음과 생각의 방향은 하나님이 아니다. 하나님의 것들은 숙제로 행하고 사랑하거나 쾌락하지 않는다. 그런데 습관도 되어있지 않고 훈련도 게을리한다. 그렇다면 우리 변화는 매우 더딜 것이다. 어쩌면 정체되어 거기 머문 채로 끝날지도 모른다.

26
침묵은 내가 의식하며 사는 것이다

보통 사람들은 수면 상태로 산다. 모든 것을 프로그램된 대로 행동한다. 하루를 다 살고 난 후 밤이 되어야 하루가 지난 것을 안다. 시간이 나의 인격과 관계없이 흐른 것을 안다.

침묵은 내게 주어진 시간을 내가 의식하는 것이다. 수없이 요동치는 나의 내면을 의식하고 프로그램된 대로 움직이지 않게 하는 힘이다. 비로소 나는 생각하고 의식하며 사는 존재의 가능성이 열린 것이다.

이러한 침묵은 평상적 삶에 영향을 준다. 전과 다름없이 살지만 의식하며 살게 한다. 나의 내면이 들여다보이고 나는 껍질로만 살지 않는다. 맨살에 메스를 대듯이 서리도록 아픈 것도 느낀다. 각성한다. 비로소 사는 것이다.

27

하나님은 우리를 공개하지 않으신다

오늘 시대는 투명성을 요구한다. 특히 누군가를 지목하면 모든 미디어, 개인이든 공중파이든 간에 온갖 방법을 동원하여 밝히게 한다. 비밀은 사라지게 한다. 그때부터 사람들은 조작을 강요받는다. 누군가 보고 있고 투명해야 하니까 스스로 그 조작 요구에 동의한다. 그래서 온통 거짓이 존재하는 사회가 되는 이유이다.

옳은가? 이런 현상이? 옳지 않다. 사람은 보호되어야 한다. 특히 사람은 비밀스러운 존재여야 한다. 그래야 사람이 된다. 모든 것이 다 드러나 보이는 투명 물고기 같은 인간이 되는 투명의 강요는 진정성을 사라지게 하기 때문이다.

하나님은 우리를 공개하지 않으신다. 마지막 심판 날까지 유보하신다. 인격적 존재에 대한 하나님의 배려다. 우리는 하나님 앞에 홀로 설 수 있다. 오히려 하나님은 은밀하게 우리 스스로 조용히 시인하며 나오기를 원하신다. 얼마나 아름다운가? 아무도 보지 않는 골방에서 만나시겠다고 우리를 초청하시는 하나님이.

28
하나님이 흑암을 떠나 우리 가운데 오셨다

하나님은 투명하지 않으시다. 그분은 완벽히 가려져 있으시다. 하나님이 자신을 드러내는 것은 우리의 죽음을 말한다. 그래서 하나님은 어둠과 구름으로 임하셨다. 흑암 속에 계셨다.

> "백성은 멀리 서 있고 모세는 하나님이 계신 흑암으로 가까이 가니라"(출20:21)

그런데 하나님이 흑암을 떠나 우리 가운데 오셨다. 바로 성육신 하나님 예수 그리스도이시다. 죄 된 인간으로 오셨다. 우리가 만날 수 있는 존재로의 하강(下降/fall)이었다. 그리고 우리의 모든 죄를 지시고 십자가 위에서 대신 죽으셨다.

> "예수께서 큰 소리를 지르시고 숨지시니라 이에 성소 휘장이 위로부터 아래까지 찢어져 둘이 되니라"(막15:37-38)

그때부터 우리는 하나님에게로 나아갈 수 있게 되었다. 우리는 그리스도를 믿음으로 깨끗하고 정결한 존재가 되었기 때문이다.

29
사람이 할 수 있는 가장 위대한 일은 기도다

사람이 할 수 있는 일 중 가장 위대한 일은 기도이다. 기도는 하나님과의 인격적 교제인 까닭이고 사람이 하나님과 대면하는 방법이기 때문이다. 기도 외에 사람이 하나님을 상대할 수 있는가?

기도는 하나님의 특별한 배려다. 어떤 방법으로도 하나님을 만날 수 없지만, 하나님은 기도, 곧 우리가 그분의 이름을 부를 때 우리에게로 오시겠다고 말씀하셨기 때문이다. 그러므로 기도가 아닌 다른 방법으로 하나님을 만날 수는 없다.

"너희가 온 마음으로 나를 구하면 나를 찾을 것이요 나를 만나리라"(렘29:13)

30
조금이라도 늘 옮겨지는 돌은 이끼가 끼지 않는다

우리의 삶이 새로워지지 않는 이유는 생각 없는 반복 때문이다. 프로그램된 대로 움직이기 때문이다. 아무것도 생각할 필요 없이 자동적으로 움직이는 것이 편안해서 그렇다. 나태한 삶.

이러한 삶이 반복되면 우리는 전혀 변화되지 않는 존재가 될 것이다. 그 상태로 시들고 썩어간다. 개인의 종말이다.

분명히 변화는 쉽지 않다. 더욱이 혁명적으로 많은 것을 움직이고 변화하는 것은 쉽지 않다. 하지만 변화할 수 있다. 우선 아주 조금이라도 끊임없이 변화를 시도하면 된다.

늘 타던 버스를 타더라도 한 정류장에 전에서 내려 걸어가 보라.
일 년의 한두 번 가던 서점을 한 달에 한 번 가보라.
주일 외에는 예배당에 가지 않던 것을 수요일에 가서 예배하라.
매우 의도적으로 고난받는 현장으로 가보라.

예를 들었지만 이와 같은 것들은 조금, 아주 조금 내 삶을 바꾸는 것에 불과하다. 하지만 의도적으로 시도한다는 점에서 늘 하던 대로 사는 프로그램된 삶을 바꾸는 것이다. 다르게 살아보는 시도다. 조금이라도 늘 옮겨지는 돌은 이끼가 끼지 않을 테니까.

버리면 가벼워진다

1
침묵으로 예수를 바라보다

우리 내면은 매우 피로한 상태에 있다. 그것을 히브리서 기자는 "모든 무거운 것과 얽매이기 쉬운 죄"(히12:1)라고 말했다. 당연히 '벗어버리'는 것이 중요하다. 그런 점에서 침묵기도를 통하여 흘려보내는 것은 매우 중요하다. 우리 내면의 복잡함과 피로를 하나님의 임재 가운데서 해결하기 때문이다. 하지만 침묵기도를 통하여 내면을 정리하고 흘려보내는 것과 함께 중요하게 추구해야 할 것이 있는데 바로 예수를 바라보는 것이다.

> "모든 무거운 것과 얽매이기 쉬운 죄를 벗어 버리고 인내로써 우리 앞에 당한 경주를 하며 믿음의 주요 또 온전하게 하시는 이인 예수를 바라보자"(히12:1-2)

침묵을 통하여 흘려보내는 것과 함께 주님을 주시하는 것을 통해 주변의 수많은 얽매기 쉬운 것들을 흐린 배경으로 만드는 것이다. 마치 카메라의 렌즈를 어떤 사물에 포커싱함으로 주변의 것들을 흘려 날려보내는 것과 같다. 주님을 집중할수록 우리를 묶는 모든 것들은 날아간다. 아웃포커싱 된다. 내 안에 복잡한 것들을 간과하고 조용히 주님을 주시한다. 이 얼마나 놀라운 일인가? 침묵의 예술이다.

2

하나님은 모든 것으로 자신을 드러내신다

여기 진실함으로, 거짓 없이 가만히 있는 것만으로 우리는 하나님을 느낄 수 있고, 세상 어디에서도 하나님을 만날 수 있다. 그 이유는 하나님이 살아계시며 이 세상 모든 피조물 가운데 계시기 때문이다. 그런 의미에서 마이스터 에크하르트의 말이 옳다.

'모든 피조물은 하나님에 관한 책이다.'

그러므로 우연히 오늘 이 세상에서 하나님을 경험하였다면 그것은 우연이 아니라 지극히 정상적인 현상이다. 오히려 하나님을 경험하지 못하였다면 그것이 비정상적인 것이다.

그런데 어느 날부터 하나님을 느끼지 못하는 것이 정상적이고 당연한 것이 되었다. 외눈박이들이 다수인 나라에서 외눈박이들이 정상적인 것처럼 말이다. 아니, 비정상이다. 하나님을 인식하지 못하는 것은 비정상이고 병이 들었기 때문이다. 하나님은 언제나 모든 경우를 통하여 자신을 계시하시기에 그렇다.

'하나님은 모든 것으로 자신을 드러내신다.'

3
하나님 앞에서는 침묵 외에 할 말이 없다

더럽고 함부로 대하는 말을 쏟아붓는 이유는 상대보다 더 낫다는 착각에 빠지기 때문이다. 세상에 쏟아져 나오는 말의 진실이다. 그래서 사람들은 거친 말을 쓰거나 소리를 높인다. 그럴 때 자신이 이긴 것 같은 착각에 빠진다.

하지만 하나님 앞에서, 하나님을 대면할수록 우리는 소리를 높이지 못한다. 더욱이 악하거나 함부로 대하는 말을 하기가 힘들어진다. 사실 하나님 앞에서는 침묵 외에 할 수 있는 말이 없다. 그분이 어떤 존재인지를 알면 알수록 그렇게 된다. 교만해질 수 없다.

침묵하면 겸손이 오는 이유이다. 급기야 더러운 말 대신 아름다운 말을 사용한다. 악하고 불의한 이들에게도 겸손으로 말을 한다. 그래야 한다. 우리 주님도 그리 했으니까.

"그가 곤욕을 당하여 괴로울 때에도 그의 입을 열지 아니하였음이여 마치 도수장으로 끌려 가는 어린 양과 털 깎는 자 앞에서 잠잠한 양 같이 그의 입을 열지 아니하였도다"(사53:7)

4
숨을 쉬며 하나님을 느끼다

침묵을 할 때 호흡을 주의할 필요가 있다. 호흡, 숨을 쉬는 것은 하나님의 내재 행위다. 우리가 살아 있다는 것이 하나님으로부터 나온 것이기에 그렇다.

> "여호와 하나님이 땅의 흙으로 사람을 지으시고 생기를 그 코에 불어넣으시니 사람이 생령이 되니라"(창2:7)

그러므로 숨을 쉬는 것은 생명이 있다는 뜻이기도 하지만 하나님과의 내재적 관계를 상징하기도 한다. 숨을 쉬는 것을 통해서도 하나님을 느낄 수 있는 이유다.

하나님과의 관계가 깊을수록 우리의 숨소리는 차분해진다. 그런 의미에서 침묵의 깊이는 호흡의 깊이와도 같다. 내면의 침잠은 깊은 호흡으로 이어지기 때문이다. 반면에 얕은 호흡은 감정의 기복과 생각의 번잡함과 관계가 있을 수밖에 없다. 나의 호흡은 어떤가? 나의 숨은 어떤가?

5

리더가 들을 귀가 없으면 백성들은 괴롭다

모든 위기, 편견과 독선은 타자를 향한 귀가 열려있지 않기 때문이다. '바람에 이는 잎새'에도 괴로워한 윤동주는 바람 소리와 잎새가 흔들리는 소리에서 세상, 사람의 소리를 들었기 때문이지만 그런 귀가 세상에는 희귀해졌다.

자기만 말을 한다. 다른 사람의 소리는 듣지 않고 오로지 자기만 말을 한다. 그래서 시끄럽다. 타자의 말을 듣지 않는 말은 배려가 없다. 자기주장이 난무하다. 사람들을 아프게 할 뿐이다.

그래서 리더가 들을 귀가 없으면 백성들이 괴로운 것이다. 리더는 권력을 가지고 있어서 그 말은 힘이 되기 때문이다.

나뭇잎이 흔들려도
아파하는 이가 없으니
바람이 부는 것은
고통인 것을

그 떨어지는 잎새
그것을 보듬을 사람이 없으니
바람이 부는 것은
절망인 것을

오늘은 더 심하게 바람이 분다

218

6
너의 깨달음을 지금 하라

엠마오로 가는 제자가 나중에 눈이 밝아졌을 때 가슴이 뜨거웠던 경험을 서로 나눴다. 그들이 경험하고 살고 있는 프레임에 갇혀 예수라는 사실을 알지 못했을 뿐, 그분이 바로 예수셨다. 예수가 말씀하셨던 것이다.

> "그들이 서로 말하되 길에서 우리에게 말씀하시고 우리에게 성경을 풀어 주실 때에 우리 속에서 마음이 뜨겁지 아니하더냐"(눅24:32)

그러므로 하나님의 말씀을 읽고 묵상하고 큐티할 때 뜨거워졌다면, 침묵으로 나아가며 하나님의 마음이 느껴졌다면, 기도할 때 표현 못 할 하나님의 뜻이 깨달아졌다면 그때 그 깨달음을 실천하는 것이 중요하다. 주님이 속삭이신 것임에 틀림없기 때문이다.

'너의 깨달음을 지금 하라.'

7
죄를 지었는데 위로받는 것은 옳지 않다

교회 공동체의 가장 큰 유익은 함께 하는 것이지만 동시에 가장 해로운 것이기도 하다. 하나님 앞에 홀로 서는 것을 방해하기 때문이다. 내가 나를 직면해야 하는데 그것을 방해한다. 더욱이 '은혜로'라는 말을 사용하여 모든 것을 덮고자 한다.

죄를 지었는데, 내가 그것을 아는데, 그것을 위로받는 것은 옳지 않다. 죄는 직면하여 회개하고 다시 시작하는 것임에도 공동체의 엉뚱한 위로를 받는 것이다. 직면하고 고독하고 하나님을 대면하지 않고 위로를 받는다. 그때 복음과 은혜는 값싼 것으로 변할 수 있다.

분명 예수님은 사람들의 환호 속에 있었지만 거기에 계시지 않으셨다. 예수님은 그 군중과 환호를 뒤로하고 "홀로 한적한 곳"으로 나아가셨다. 이것이 기독교이다. 주님이 우리에게 가르쳐 준 것이다. 고독하지 않고 죄를 직면할 수 있는가? 고독하지 않고 나를 볼 수 있는가?

하나님을 믿지만 경험하지 못한 데서 비극은 시작되었다

하나님을 믿지만 하나님을 경험하지 못한다. 당연히 하나님을 추구하는 초점이 맞지 않았기 때문이다. 우리가 원하는 것, 내 마음이 욕망하는 것을 이루기 위해 하나님을 도구적으로 원하기 때문이다.

굳이 우리의 욕망이 옳다면 하나님이 거부하실 이유가 없다. 하지만 우리가 원하는 것을 이뤄주시지 않는 이유는 그 욕망이 하나님의 마음에 부합하지 않는 욕망, 이 세상에 국한된 물질적 욕망이기 때문이다. 사람은 그 정도로 사는 것으로 괜찮게 하나님이 창조하시지 않았다.

여기에 하나님과 인간의 갈등이 형성된다. 하나님이 인간들의 욕망에 응답하지 않으시자 인간들은 시위하기 시작했다. 그래서 다른 신을 찾은 것이고, 심지어 자신의 입맛에 맞는 신을 만든 것이며, 더 나아가 하나님을 왜곡시켜 유사한 하나님인 금송아지를 만든 것이다.

위기다. 그때부터 사람은 이상한 삶을 살게 되었다. 분명 하나님을 아는 것만으로 충분히 행복한 존재가 사람인데 그럴 수 없게 된 것이다. 인간의 비극이 온 것이다.

9
오늘을 허비한 것은 결정적인 죄다

우리는 미루는 버릇이 있다. 생활에서 벌어졌던 미루는 것이 일상이 되어 주님과의 교제도 미룬다. '내일' 그리고 '언젠가' 그렇게 미뤄둔다. 주님이 하시는 이 말씀을 간과하고 말이다.

> "그런즉 깨어 있으라 너희는 그 날과 그 시를 알지 못하느니라"
> (마25:13)

우리가 예상하는 시간이 아니라는 뜻이다. 그러니까 '내일' 그리고 '언젠가'로 미루는 바로 그 순간에 주님이 오실 수 있다. 그런데 우리는 깨닫지 못한다. 깨달을 수도 없다. 기다리지 않았으니까 당연하다.

결정적인 것은 오늘, 지금, 내가 할 수 있는 시간을 허비한 것이다. 그런데 '내일' 그리고 '언젠가'는 오지 않을지도 모른다. 그러므로 지금 그리고 오늘 주님의 현존 앞으로 나아가는 자는 얼마나 아름답고 지혜로운 사람인가?

> "주의 날이 도적 같이 오리니... 모든 일이 드러나리로다"(벧후3:10)

10
버리면 가벼워진다

버리면 가벼워진다. 생각이 가벼워지니 마음이 가벼워지고, 마음이 가벼워지니 삶의 무게도 가벼워진다. 그동안 그렇게 붙잡고 있던 것들의 무게가 현저히 가벼워지니 감당할만하다.

생각이 비워지니 그동안 조종하던 것들의 메시지를 가볍게 지나칠 수 있고, 생각이 가벼워지니 몸을 가볍게 하여 몸마저 세상의 유혹들 앞에서 자유롭게 거절할 수 있다. 몸이 더 이상 고민하지 않아도 되기 때문이다.

그래서 수련이 깊어질수록 버리는 것이 어려워진다. 진짜 버려야 할 것이 남아 있기 때문이다. 격렬한 저항을 하기 때문이다. 그때 포기해서는 안 된다. 끝까지 걸어가야 한다. 멈추지 말아야 한다.

11

쉽게 무너지는 이유는 내면이 단단하지 못하기 때문이다

우리가 세상을 살면서 작은 것에도 쉽게 무너지는 이유는 내면이 단단하지 못하기 때문이다. 'Fragile! 연약하여 깨어지기 쉬움!'

작은 충격에도 무너지고 부서진다. 자신을 지킬만한 내적인 강건함이 없다. 복잡한 생각과 유혹과 더러움에 노출된 자아의 모습은 그림으로 그리면 온통 구멍이 난 그릇 같은 것이라 할 수 있다. 조금만 물이 흘러도 새어 들어온다. 내면은 금방 질퍽거린다.

질퍽질퍽한 내면, 세상 모두가 복수할 대상이 된다. 기회만 오면 들이받는 싸움 모드로 바뀐다. 온통 싸움꾼만 있는 것처럼 보인다. 그런데 사실은 약하기 때문이다. 자신을 보호하기 위해 소리를 지르는 것이고 조금이라도 힘 있는 사람들 편에 서서 움직인다. 그래야 안심되니까.

홀로 이 세상을 걸어갈 수 있는 자, 세상 앞에서 고독하며 하나님을 바라보는 자, 그들이 이 세상에 있어야 세상은 소망이 시작될 것이다. 그들은 싸움꾼이 아니라 평화를 말하는 사람들일 테니까 그렇다.

12
내면이 배부를 때 우리는 흔들리지 않는다

세상에 영향을 받지 않는다. 자기 부정이 이뤄진 자가 그 내면에 예수 그리스도로 가득 채워졌을 때 벌어진다. 내면이 만족된 것이다. 그래서 세상의 어떤 것에도 휘둘리지 않는다. 배부른 사자가 여유 있게 걷는 것처럼 말이다.

그러나 우리가 세상에 영향을 받고 있다면 아직도 육적인 자아가 원하는 것을 여전히 추구하기 때문이다. 그런데 충분한 돈이 어디 있는가? 충분한 쾌락이 어디 있는가? 충분한 권력이 어디 있는가? 언제나 세속적인 것들은 충분할 수 없다. 바닷물을 마시는 것 같다.

자기 부정이 이뤄짐으로 예수 그리스도로 꽉 찬 존재만이 세상을 노래하며 걸어갈 것이다. 흔들리지 않으니까 소풍 온 것처럼 세상을 살 것이다. 이것이 영성가의 삶이다.

13

크리스천은 모두 영적 순례자가 되어야 한다

우리는 결과를 중요시한다. 동기나 과정은 무시된다. 어떤 수단을 써서라도 목표에 이르면 괜찮다고 한다. 불의가 일상화된 이유다. 순간은 좋을 수 있다. 그러나 결국 그게 우리 발목을 잡는다.

순례의 길을 떠날 때 도착할 곳이 중요하지만 가는 여정이 간과되지 않는다. 여정이 도착이기 때문이다. 만일 도착했을 때 순례자가 영적 성숙에 이르렀다면 그것은 목적지가 영적 성숙을 준 것이 아니라 과정이 영적인 성숙에 이르도록 도운 것이어서 그렇다.

크리스천은 모두 영적 순례자가 되어야 한다. 이 세상의 모든 여정이 순례의 삶이 되어야 한다. 그래야 결과에 집착하여 괴물이 되어버린 세상의 숨통을 열 수 있을 테니까. 그때 정말로 크리스천을 만나면 쉼이 이뤄질 테니까.

그런데 그것을 잃었다. 크리스천도 결과에 집착하여 이 세상의 프로그램을 따라 행동한다. 세상이 이리 힘든 이유이다.

14
순례의 핵심은 보는 것이다

"공중의 새를 보라... 들의 백합화... 보라"(마6:26,28)

우리는 보지 않는다. 하나님이 만드신 세상을 보지 않는다. 온통 세상은 하나님의 교훈을 드러내고 하나님을 드러내지만 우리는 보지 않는다. 우리는 우리가 원하는 필요만 보고 그것에 의해 움직인다. 그런 의미에서 우리는 눈이 멀었다.

순례의 핵심은 보는 것이다. 그동안 내가 묶였던 세상과 일을 뒤로하고 세상을 걷는 것이다. 보지 않던 것을 본다. 그것이 순례다. 그러므로 영성가는 순례의 마음을 갖고 있다. 비록 모든 것을 뒤로하고 세상을 떠나 걷지는 못하지만 도시를 살더라도 순례의 마음으로 산다.

그때 보일 것이다. 도시의 한구석 담벼락 밑 틈새에 피어난 들풀, 자동차 밑에 쭈그리고 앉은 고양이, 눈을 들면 하늘과 구름 그리고 바람 소리, 흩날리는 낙엽과 꽃잎... 우리는 그것들 속에서 하나님을 만날 것이다.

15
우리는 매일 떠나야 한다

떠나는 것은 큰일이다. 나의 모든 익숙한 것들을 뒤로하고 떠나는 것은 그만큼 어렵기 때문이다. 잠시만 놔두면 우리는 익숙한 곳에 들어가서 익숙한 방식으로 똬리를 트는 존재인 까닭이다.

아브라함이 위대한 것은 떠날 수 있어서 그렇다. 도시의 안정과 익숙함을 두고 떠났기에 그가 된 것이다. 잘못을 범했어도 야곱은 떠날 수 있어서 다시 시작할 수 있었고, 찌들 대로 찌들어 죄에 눌어붙은 이스라엘은 가나안을 떠나 바벨론으로 포로로 잡혀가는 것이 새로운 시작이었다.

우리는 매일 떠나야 한다. 익숙한 나로부터 떠나야 하고, 익숙한 나의 삶으로부터 떠나야 한다. 걸으며 우리는 봐야 한다. 더욱이 우리는 하나님을 봐야 한다. 온 세상에 가득한 그를 만나야 한다.

16
언제나 골방에 주님이 계시다

침묵은 내면에 하나님과 만나는 은밀한 장소, 골방을 만드는 것이다. 아무도 들어오지 않고 오로지 나와 그분만이 거하는 곳을 만드는 것이다. 매일 나는 그곳에 들어간다. 언제나 거기에 그분이 계시다. 얼마나 아름다운가?

'만족'

거기 계셔
나를 기다리시니
나는 당신으로
만족합니다

이대로 여기서
당신으로 사니
나는 그것으로
충분합니다

17

바로 이곳이 거룩한 곳이다

"예수께서 큰 소리를 지르시고 숨지시니라 이에 성소 휘장이 위로
부터 아래까지 찢어져 둘이 되니라"(막15:37-38)

예수의 대속적 죽음으로 인해 거룩한 것과 천한 것의 구별은 사라
졌다. 하나님의 거룩함은 세상에 가득하게 되었다. 우리는 어디서나
예수 그리스도를 통하여 직접 그 거룩을 만날 수 있게 되었다.

예배당이든, 저기 명동거리이든 관계없이 하나님의 거룩을 경험할
수 있게 되었다. 어디에나 하나님은 충만하시기 때문이다. 모든 곳이
거룩한 곳이기 때문이다. 어디에서든 무릎을 꿇고 주님의 이름을 부르
면 그곳이 성소가 된다. 성소 휘장이 찢어진 이후 모든 곳이 성소가 될
가능성이 열린 것이다.

그러므로 지금 이 글을 읽고 있는 그곳이 거룩한 곳이다. 신을 벗어
야 하는 곳이다.

"네가 선 곳은 거룩한 땅이니 네 발에서 신을 벗으라"(출3:5)

7 버리면 가벼워진다

18
일상이 중요하지만 진보적인 일상이 되어야 한다

수련에서 중요한 것은 일상이다. 분명 언제나 똑같은 라이프 스타일이 필요하다. 그렇다고 해서 진보 없이 그 자리에 눌어붙어 있으라는 뜻이 아니다. 우리는 계속 진보해야 한다.

누구나 한때 진보하던 때가 있었다. 그러나 어느 날 멈춘 후부터 문제가 발생했다. 멈췄다는 것은 스스로 기성화되고 기득권화되었다는 말이다. 특히 누구보다 조금이라도 더 가진 것이 있으면 함부로 평가하고 급기야 교만에 이른다.

일상이 중요하지만 진보적인 일상이 되어야 한다. 매일매일 새로워지는 일상이 되어야 한다. 늘 같은 자리에 같은 모습으로 매일 변화를 시도해야 한다. 구원은 이때 완성되는 것이다.

일상, 진보, 변화 그리고 구원, 이 평범하지만 아름다운 공식을 잊어서는 안 된다.

> "네가 네 자신과 가르침을 살펴 이 일을 계속하라 이것을 행함으로 네 자신과 네게 듣는 자를 구원하리라"(딤전4:16)

19
목표보다 중요한 것은 길이다

목표보다 중요한 것은 길이다. 내가 길 위에 있다는 것과 지금 길을 걷고 있다는 것이 가장 중요하다. 내가 지금 걷고 있는 것을 즐기며 깊이 들어서야 한다.

마치 관광지를 다니듯이 걸어서는 안 된다. 거기 사는 거주민처럼 살며 걸어야 한다. 그 모든 시간과 눈에 보이는 곳은 내가 사는 곳이 되어야 한다. 그것들을 생각하고 그것들과 함께 대화하고 발전시켜야 한다.

　　눈이 보고
　　발로 거니는 것
　　모두가 내 것
　　단 하나도 놓칠 수 없는
　　나의 세상

20

육체적 상태는 영적인 상태에 영향을 미친다

우리의 육체적 상태는 영적인 상태에 영향을 미친다. 규칙적으로 식사를 하고 잠을 자고 운동을 하며 건강한 몸을 유지하는 것은 규칙적인 영적 상태를 유지하는 데 도움이 된다. 그러므로 무분별한 육체적인 상태를 가지면서 건강한 영적 상태를 기대하는 것은 교만이다.

결국 예배를 드리고 기도를 하며 말씀을 읽고 묵상하는 것도 육체적인 여건과 어느 정도 맞아야 자연스럽게 진행될 수 있다. 그러므로 더 이상 곡예하듯이 혹은 모험하듯이 살지 않는 것이 좋다.

특히 하나님을 예배하는 영성가로서의 삶은 규칙을 추구하는 것이 중요하다. 그 견고한 상태가 결국 우리에게 다가올 위기를 포함한 모든 상황에서 우리를 지킬 것이기 때문이다.

21

세상이 아니라 나의 계획을 따라 살아야 한다

하나님이 각 사람을 위해 설계한 계획을 알고 그 계획을 따라 사는 것이 중요하다. 세상에 살기 때문에 어쩔 수 없이 세상의 흐름과 물결을 따라 이끌려가는 존재가 아니라 하나님이 허락하신 나의 계획을 가지고 사는 것이 중요하다. '나의 계획'이 있어야 한다.

크리스천이란 그렇게 독립적인 인격을 가진 단독적인 교회이다. 하나님이 내주하시는 독립기관이다. 그러므로 영적인 성숙을 향한 여정의 방향성을 교회가 어느 정도 제시할 수 있겠지만 결국은 나에게 맞춰 풀어가는 것은 내가 할 일이다.

하나님의 계획을 이해하고 내가 주도적으로 그 계획을 따라 나의 삶을 디자인하며 내가 주도하여 간다면, 그때 성령은 우리를 지지하고 지원할 것이다. 그러므로 늘 물어야 한다. 나는 나의 계획을 따라 이 세상을 살고 있는가?

22
우리 영도 피곤하고 갈급하다

우리 육체만 피곤하고 갈급한 것이 아니다. 우리 영혼도 피곤하고 갈급하다. 보통 우리 육체는 먹고 쉬는 것을 통하여 회복되지만 우리 영혼은 오로지 하나님으로만 회복된다.

그런데 우리는 영적인 배고픔이 어떤 것인지 모른다. 그래서 이유 없는 불안, 두려움, 걱정 등이 생길 때도 육체적인 것으로 생각하여 세속적인 방법으로 채운다. 먹고 마시고 즐기고 쾌락한다. 그러면 채워질 거라고 생각한다. 그럼에도 불구하고 계속된 피곤과 허기가 있다면 그것은 영적인 굶주림이다. 한 가지 다른 방법, 하나님으로 채워야 한다.

"그가 사모하는 영혼에게 만족을 주시며 주린 영혼에게 좋은 것으로 채워주심이로다"(시107:9)

그래서 우리 영혼은 하나님을 추구한다. 마치 사슴이 시냇물을 찾아 갈급함을 해결하려는 것처럼 말이다. 잊지 말아야 한다. 우리 영혼도 배고프고 갈급하다.

"하나님이여 사슴이 시냇물을 찾기에 갈급함 같이 내 영혼이 주를 찾기에 갈급하니이다"(시42:1)

23
고독은 온전한 골방이다

우리의 고독이 본질적으로 행복한 것이 아니다. 고독이 행복하고 풍요로운 것은 하나님 때문이다. 고독함으로 텅 빈 내 마음 안으로 하나님이 꽉 차게 들어오시기 때문이다. 그러므로 고독은 온전한 골방이다.

'절대 고독'

홀로
이 세상을 걸어도
늘 당신과 함께
걷는 듯
홀로 있지 않은
동행
그것이 완전
절대 고독

24
고독 끝에 만난 사람은 반갑다

수련의 끝은 홀로 하나님 앞에 서 있는 절대 고독이 자연스럽고 즐거워지는 것이다. 흔들림 없이 내게 허락하신 부르심을 따라 홀로 걸어가는 것이다. 그러다 같이 걷는 이를 만나면 반갑다. 그렇지 않은가?

그대들이
내게 그런 이들
어두운 밤
그 사막을 걸을 때
나와 함께
조용히 걷는
사람들
그대들이
내게 그런 이들

25

주님을 알면 주님으로 살고 싶어진다

침묵은 주님의 마음을 알게 한다. 그분의 깊은 것이 느껴지기 시작한다.

> "오직 하나님이 성령으로 이것을 우리에게 보이셨으니 성령은 모든 것 곧 하나님의 깊은 것까지도 통달하시느니라"(고전2:10)

주님의 깊은 것을 알게 되면 그 마음을 좇아 살고 싶어진다. 주님을 사랑하기 때문이다. 사랑하는 사람 앞에 서듯이 주님께도 잘 보이고 싶어진다.

예쁘게 보이고 싶어요
멋있는 당신의 사람
정말 되고 싶어요

그리하고 싶어
매일 내면을 닦아요
아름다운 향기를 낼 수 있게
나를 새롭게 해요

내 사랑하는 당신께
잘 보이고 싶어요
그리할 수만 있다면
정말 좋겠어요

26
크리스천은 주님을 받아들인 사람들이다

엄밀하게 말해서 우리가 하나님을 위해 할 것은 없다. 하나님은 부족한 분이 아니시기 때문이다. 하나님과의 관계에 있어서 가장 중요한 것은 받는 것이다. 우리는 이미 엄청난 사랑, 예수 그리스도를 통해 드러난 사랑을 받았다. 조건 없는 구원이다. 불경스러운 표현이지만 우리가 받아들인 것의 결과이다.

> "그를 맞아들인 사람들, 곧 그 이름을 믿는 사람들에게는, 하나님의 자녀가 되는 특권을 주셨다"(요1:12)

'주님을 받아들인 사람들'(NIV/all who received him). 우리의 정체성은 그를 받아들이는 데 있다. 그러므로 가만히 침묵하는 것은 단순히 기다리는 것이 아니라 그를 받아들이는 행위다. 그를 간절히 열망하는 방법이다.

27
너야말로 잊을 수 없는 이름이다

"너는 잊을 수 없는 이름, 너는 내 눈에 든 사람"(공동번역/출33:12)

모세는 하나님의 눈에 든 사람이었다. 하나님은 "마치 친구끼리 말을 주고 받듯이 얼굴을 마주 대시고 모세와 말씀을 나누셨다."(공동번역/출33:11)

하나님과의 영적인 교제, 그 깊이에 이르면 그렇게 될 것이다. 그때 세상은 간 곳 없고 오직 주님만 보일 것이다. 그토록 내가 관심하던 것들을 무심코 바라볼 수 있게 되는 것이다. 하나님이 나를 잊을 수 없어 하시니까. 단 한순간도 나를 떠나기 싫어하시니까.

"너야말로 과연 내 마음에 드는 자요, 잊을 수 없는 이름이다. 지금 네가 청한 것을 다 들어주리라."(공동번역/출33:17)

그때 하고 싶은 말은 단 한 가지, 당신의 얼굴을 보고 싶다는 말 외에 무슨 말이 있으랴.

"당신의 존엄하신 모습을 보여주십시오."(공동번역/출33:18)

28

벌거벗은 채로 하나님 앞에 나가면 된다

하나님 앞에서는 페르소나를 사용할 필요가 없다. 화장할 필요도 없다. 누구에게 잘 보이려 하듯이 장신구로 치장할 필요도 없다. 민낯으로, 벌거벗은 채로 하나님 앞에 나가면 된다.

> "이렇듯 가슴 아픈 말씀을 듣고 온 백성은 통곡하였다. 패물(개역/장신구)로 몸을 단장하는 사람은 하나도 없었다."(공동번역/출33:4)

비워진 채로, 빈 것으로 하나님 앞에 나가면 된다. 내가 사라지고 아무것도 아닌 존재임이 드러나는 것을 두려워할 필요도 없다. 그분이 우리를 끌어안으실 테니까.

그런데 아직도 우리는 우리를 꾸민다. 아직도 감출 것이 많다. 주님, 우리를 불쌍히 여기시옵소서.

29
'그리움'만큼 보이고 '간절함'만큼 보인다

금방 하나님을 볼 수 있는 것이 아니다. '그리움'만큼 보이고 '간절함'만큼 보인다.

우리처럼 세상을 사랑하고 죄를 즐기며 세상을 사는 이들에게 하나님은 숨어 계신다. 죄 된 우리에게 하나님이 드러내시는 것은 우리의 멸망을 의미하기 때문이다. 그래서 하나님은 숨어 계신다.

만일 우리가 간절함으로 홀로 자신을 들여다보고, 죄를 끄집어내어 저기 바람에 흘려보내며, 다시 들여다보고 우리를 정결케 한다면.

그리움으로, 애틋함으로 그렇게 사는 우리. 어느 날 우리는 우리 앞에 서 계신 주님을 볼 것이다. 우리의 그리움과 간절함을 보시고 다시 주님께서 기꺼이 자신을 비우심으로 오실 테니까.

30
기도가 유치해지고 말씀이 하찮아졌다면 심각한 문제다

기도가 유치해지고 말씀 큐티가 하찮아졌다면 하나님과 멀어진 현상이다. 에베소 교회처럼 아무리 대단하고 놀라운 일을 하고 있고 높은 지위와 성직의 모습을 갖고 있을지라도 예배가 직업이 되었다면 이미 하나님의 적이 된 것인지도 모른다.

설령 기도할지라도 내 욕망을 이루기 위한 것이라면 40일 금식기도를 하여도 하나님과 상관없는 기도이고, 아무리 말씀을 읽어도 무슨 수능 공부하듯이 혹은 자신의 목적을 정당화시켜주기 위한 것이라면 하나님의 말씀을 능욕하는 것이다.

새가 노래하듯이 기도는 자연스러운 대화여야 하고, 말씀은 밥을 먹듯이 일상이 되어야 한다. 그 사람이 드리는 예배가 온전한 예배이다. 진정 하나님을 사랑하는 것이다.

31
우리 신앙도 놀이가 되어야 한다

정말 축구를 잘했던 마라도나나 펠레 같은 선수를 보면 즐거웠다. 요즈음 우리나라의 손흥민이나 이강인 선수 같은 이들에게서도 그런 모습을 보면서 즐거운 것이 사실인데 그들의 개인기가 마치 물처럼 자연스럽고 자유롭기 때문이다. 마치 축구가 놀이처럼 보인다.

하지만 이런 모습이 되기까지 얼마나 치열한 훈련을 하였을까? 분명 치열한 훈련이 그에게 자유를 주었고 어느 순간부터 놀이가 되었을 것이다.

이상한 표현처럼 보이지만 우리 신앙도 놀이가 되어야 한다. 율법이나 부담감이 아니라 즐거운 놀이가 되고 쾌락이 되어야 한다. 그런데 훈련 없이 그것이 가능하겠는가? 자기 절제와 훈련 없이 놀이처럼 즐겁게 믿는 단계에 이를 수 있겠는가?

모두 인정하겠지만 우리는 어쩌다 한번 성경을 읽고, 어쩌다 한번 기도를 한다. 그리고 대부분의 시간은 하나님을 떠나 산다. 그러니 신앙은 놀이가 아니고 힘든 고역이 되는 것이 당연하지 않겠는가?

나는 죄가 싫다

1
나의 시간을 구원해야 한다

우리가 착각하는 것이 있다. 시간이 충분하면 더 선해지고 더 영적이 될 것이라고 생각한다. 하지만 그렇지 않다. 우리에게 시간이 충분할 때 오히려 우리는 문제를 만난다. 수없이 그런 것을 경험했다. 시간이 충분해도 그 시간들은 무의미하게 채워진다. 하루든 1년이든 시간의 값은 같은 것으로 나타난다.

그러므로 시간을 생각해야 한다. 시간을 생각하는 이유는 삶의 이유를 봐야 하기 때문이다. 그리고 우리의 시간은 정확히 계산하여 사용되어야 한다. 시간을 구원해야 한다.

"시간을 구원하십시오. 이 시대는 악합니다."(하정완의역/엡5:16)

침묵과 고독이 필요한 이유다. 시간의 흐름을 볼 수 있기 때문이다. 어떻게 시간이 흘러가고 내게로 오는지를 알 수 있기 때문이다. 하지만 사람들은 침묵과 고독 대신에 수다와 분주를 즐긴다. 요란함과 정신없음을 택한다. 시간이 얼마나 빨리 지나가는지, 시간이 얼마나 무서운지를 직감적으로 알기 때문이다. 하지만 그것이 시간을 구원하는 방법이 아니다.

2
하나님은 어둠이 조금도 없으시기 때문이다

"곧 하나님은 빛이시라 그에게는 어둠이 조금도 없으시다는 것이 니라"(요일1:5)

그러므로 여전히 우리가 죄, 곧 어둠 가운데 있다면 하나님과 상관 없다는 것을 드러내는 것이다. 아예 사도 요한은 하나님과 사귐이 있 다고 하면서 어둠에 행하면 거짓말을 하는 것이라 말한다.

"만일 우리가 하나님과 사귐이 있다 하고 어둠에 행하면 거짓말을 하고 진리를 행하지 아니함이거니와"(요일1:6)

온전한 크리스천은 어둠 가운데 거하여 계속 살 수 없다. 그 안에 있는 빛 때문이다. 빛이 어두움을 비추어 드러내기 때문이다. 하나님 은 어둠이 조금도 없으시기 때문이다.

"악을 행하는 자마다 빛을 미워하여 빛으로 오지 아니하나니 이는 그 행위가 드러날까 함이요"(요3:20)

그렇다면 죄와 불의를 태연히 짓고 있는 크리스천들, 그것도 목사 같은 성직자들이 여전히 짓고 있는 이유는 무엇일까? 분명한 것은 그 들이 제대로 크리스천이라면 지금 죄를 범하고 있는 동안 내면으로는 엄청난 고통을 겪고 있을 것이다. 그런데 만일 그렇지 않다면 그 사람 은 하나님과 관계없는 사람이다. 아무리 그 직분이 목사라 할지라도 예외 없다.

3

하나님의 말씀을 들어야 말하기 곧 기도가 온전해진다

아이가 태어났을 때 어머니와 아버지는 전혀 말하지 못하는 아이에게 무엇인가를 말한다. 아빠는 회사 이야기도 하지만 어머니는 시시콜콜한 이야기를 무수히 한다. 어느 날부터인지 몰라도 어머니와 아버지는 요청한다. '따라 해봐... 엄..마'. 그리고 회사에서 돌아온 아버지도 역시 똑같이 '따라 해봐 아...빠'라고 말한다. 그렇게 수없이 반복한다.

그러던 어느 날 아이가 입을 열어 정확하지도 않은 발음으로 비슷하게 '엄므, 압브'를 말한다. 그때 어머니와 아버지는 감격한다. 여기저기 전화하고 난리 치면서 다시 아이에게 요청한다. '한 번 더 해봐. 아...빠. 엄...마'.

아이가 스스로 말하는 것이 아니라 어머니와 아버지를 따라 하는 것이다. 먼저 어머니 아버지의 말을 듣는 것이 시작이다.

기도가 하나님과의 대화라는 것을 안다면 동일하다. 우리는 먼저 어머니 아버지의 말을 듣듯이 하나님의 말씀을 들어야 한다. 듣는 것이 기도의 시작이어야 한다. 그러므로 우리가 기도를 잘하지 못하는 이유는 하나님 아버지의 말씀에 청종하지 않기 때문이다. 듣는 것이 말하는 것의 기본임을 잊어서 그렇다.

4
기도의 깊이에 들어선 사람은 겸손하다

기도의 깊이에 이르면 우리는 하나님의 임재를 경험한다. 그때 우리는 두려움, 거룩한 두려움에 이른다. 하나님 안에 거하기 때문이다.

우리의 모든 것. 특히 우리의 죄는 대낮 벌거벗은 몸처럼 샅샅이 드러날 것이다. 그 죄로 인해 두려워할 때 동시에 하나님의 용서와 사랑을 경험한다. 그것이 거룩한 두려움이다.

이런 이유 때문에 기도의 깊이에 들어선 사람들은 겸손하다. 아무것도 아닌 나와 모든 것을 품으신 하나님을 경험하기 때문이다. 그때 우리는 무엇을 구할 수 없다. 더욱이 이 세상에 속한 것, 영광, 권세, 부요, 성공을 더더욱 구할 수는 없다. 하나님 앞에서 내가 드러났기 때문이다. 자신을 알았기 때문이다.

5
기도하다가 하나님의 뜻을 아는 기도에 들어선다

'나는 옳게 기도하고 있는가요?'. 성도들이 나에게 흔히 하는 질문이다. 바르게 구하고 있는지, 하나님의 뜻에 어긋난 것은 아닌지, 이런 생각이 들었기 때문일 것이다.

만일 이 같은 질문을 가지고 기도하고 있다면 기도의 자세에서 빗나간 것은 아닌 것 같다. 이 질문은 하나님의 뜻을 묻고 있다는 뜻이기 때문이다. 하나님을 의식할 뿐 아니라 내 마음대로 기도하는 것을 조심하고 있다는 뜻이기 때문이다.

오히려 위험한 것은 아예 아무 말도 하지 않고 자기 마음대로 규정해버리는 것이다. 생각해 보면 친구나 사람들과의 대화도 그렇다. 말을 하지 않고 혼자 지레 짐작하여 결정하는 것이 위험하다. 그런데 오히려 대화하다 보면 자신이 오해하고 있음이 드러날 때가 많다.

그러므로 무엇보다 중요한 것은 기도를 하는 것이다. 하나님은 우리 마음을 헤아리셔서 기도하는 도중에 우리에게 당신의 뜻을 알려주실 것이다. 서로 대화하다가 상대방의 마음을 아는 것처럼, 기도하다가 우리는 하나님의 뜻을 깨닫게 되는 것이다. 많은 크리스천들이 기도하다가 하나님의 뜻을 아는 기도로 들어서는 이유이다.

6
기도란 죽음이 벌어지는 행위다

하나님을 만나는 것은 죽음을 의미했다. 우리가 유한하며 죄인인 까닭이다. 마치 어둠이 빛을 만나면 어둠이 사라지듯 죽었다. 심지어 대제사장조차도 지성소에 들어갈 때 죽음을 각오해야 했다.

그러나 오늘 우리가 살아 있는 것은 그리스도께서 우리 죄를 대속하셨기 때문이다. 믿음으로 우리가 의인이 된 것이다.

하지만 우리는 심정적으로 우리가 여전히 죄인이라는 것을 안다. 예수가 없다면 우리는 그대로 죄인이고 용서받을 수 없는 존재다. 그것을 우리 자신이 잘 알고 있다.

그런 의미에서 하나님을 진실로 만날 때마다 온전한 크리스천들은 죽는다. 자신을 내세우던 자기 자신과 모든 욕망이 죽는다. 하나님을 만날수록 겸비해지는 이유이다. 그래서 기도란 죽음이 벌어지는 행위다. 하나님을 만나고 대면하기 때문이다. 그래서 내가 죽고 주님으로 살아나는 것을 경험하는 것이다.

7

기도는 쉼이다

예수님은 새벽 미명에 기도하러 가셨고, 밤이 깊도록 산에서 기도를 하셨다. 기도는 주님의 일상이었다.

주님의 기도를 보면서 질문이 생겼다. 왜 기도하셨을까? 무슨 기도를 하셨을까? 주님은 하나님과 동일한 분이시기에 그의 개인적인 문제를 놓고 기도하실 리도 없고 또한 병자, 고통받는 자를 위해 기도하실 리도 없다. 그분은 하나님이시기에 그분의 마음과 말씀으로 모든 것들은 해결되기 때문이다. 그러므로 우리가 드리는 대부분의 기도를 주님이 하실 리가 없다. 그렇다면 무슨 기도를 드리신 것일까?

하루 종일 수고하고 밤이 늦도록 병자들을 고치시고 가르치신 주님이 새벽에 기도하러 가신 이유는 무엇일까? 여기에 우리가 놓친 기도의 측면이 있다. 바로 '쉼'이다. 주님 역시 육체를 가지신 분이셨기에 피곤하셨다. 배고프셨고 지치기도 하셨고 목마르시기도 하셨다.

그럼에도 불구하고 기도하러 가신 것은 육체적인 것이 영적인 것과 관계가 있다는 뜻이다. 그러므로 주님의 기도는 '쉼'이었을 것이다. 하나님과의 일치로 인한 '쉼'이었을 것이다. 기도의 다른 차원이다. 무엇을 구하는 것이 아니라 하나님 안에 거하는 것, 쉼, 컨템플라치오다. 우리가 놓친 기도의 측면이다.

8
하나님 앞에 설수록 우리는 죄에 대하여 민감해진다

우리가 하나님을 바라볼 때 우리의 죄가 드러나는 이유는 그분이 최고의 선이시기 때문이다. 그래서 하나님 앞에 설수록 우리는 우리의 죄에 대하여 민감해진다.

그러므로 죄에 둔감해지는 것, 특히 하나님을 믿는 이들이 그렇다는 것은 이미 온전히 하나님 앞에 서는 존재가 아니거나 유사 하나님을 믿고 있기 때문일 것이다. 어떻게 어둠이 빛과 타협할 수 있는가?

언제나 하나님 때문에 부끄럽고 수치스러울 수밖에 없다. 기도할 때마다 그 수치가 느껴져서 부끄럽기가 이를 데 없다. 그러다가 하나님의 용서와 그리스도의 대속을 경험하면 견딜 수 없이 감사할 수밖에 없다.

그것 때문이다. 우리는 이 세상을 평범하게 살 수 없게 된다. 다른 삶을 추구하며 다르게 살기를 소원한다. 크리스천이란 이름이 기적이 된 이유이다.

9
죄를 지속하고 있다면 하나님과 관계없는 존재이다

"죄를 짓는 것은 인간의 모습이지만 죄를 지속하는 것은 완전히 사탄적인 것이다."(존 크리소스톰)

끔찍한 죄를 범하고도 돌아서지 않고 끊임없이 지속하며, 자성하여 달리 살지 않고 아직도 여전히 죄를 지속하고 있다면 이미 하나님과 관계없는 자이며 사탄적인 존재라 해도 틀리지 않다.

"죄를 짓는 자는 마귀에게 속하나니 마귀는 처음부터 범죄함이라"(요일3:8)

목사라는 이름이 붙어 있어도, 설교를 근사하게 하여도, 그 말이 수려하고 사람들이 감동받아도 그는 거짓된 존재이다. 여전히 죄를 짓고 있다면 그는 사탄의 지배를 받고 있는 존재일 뿐이다.

10
기도할수록 우리는 맑아지고 깨끗해질 것이다

기도할수록 우리는 정직해지고 정결해진다. 기도는 하나님 앞에 서는 것이기 때문이다. 하나님 앞에 서기 때문에 사람들을 의식해서 쓰던 가면도 필요 없고 벌거벗은 채로 서도 되기 때문이다.

그러므로 기도의 깊이는 정직과 정결의 깊이와 관계있다. 자연스레 그렇게 되어간다. 그런데 여전히 더럽고 죄를 벗어내기는커녕 오히려 악해지고 위선과 불의가 점점 더 깊어져 가고 있다면 기도하지 않기 때문이고, 만일 기도하고 있다면 잘못된 기도를 하고 있기 때문이다.

기도할수록 우리는 맑아지고 깨끗해질 것이다. 정직하고 맑은 영혼을 가진 사람이 되어갈 것이다. 그런 사람이 세상을 걷는 것만으로 세상 역시 정화되어갈 것이다. 그러므로 지금처럼 세상이 더럽고 심지어 교회마저 이 모양이라면 분명히 기도가 잘못된 것이다. 기도하는 것 같지만 기도의 모양만 갖고 있든지 말이다.

11
응답하지 않으시는 것이 정확한 기도의 응답이다

우리의 기도가 다 응답되지 않는 가장 큰 이유는 우리가 죄를 품은 채 기도를 하기 때문이다. 그래도 기도는 들어주실 수 있지 않을까 생각하기도 하지만 그렇지 않다. 그것을 시편 기자는 잘 알고 있었다.

> "내가 만일 마음 속에 죄를 그대로 품고 있었다면 주께서 나의 부르짖는 소리를 듣지 않았을 것이다."(현대인의성경/시66:18)

죄를 품은 채 기도할지라도 하나님이 들어주시면 좋겠지만 그렇게 하지 않으신다. 들어주실 경우 우리는 이 정도의 죄를 하나님이 괜찮게 여기신다고 착각할 수 있기 때문이다. 그러므로 응답하지 않으시는 것이 정확한 기도의 응답임을 잊지 말아야 한다.

12

기도를 배워야 하는 이유가 있다

기도는 하나님 말씀에 대한 응답(오라치오)으로 발전되어야 한다. 대상을 인식해야 하기 때문이다. 주님이 말씀하신 "중언부언" 기도는 두 가지 측면을 가지고 있다. 하나는 하나님 없이 혼자 중얼거리는 측면 곧 대상 없는 기도이고, 다른 하나는 자기가 원하는 것을 반복적으로 말하며 강요하는 이기적 기도이다. 일반적으로 사람들이 하는 기도다.

정확하게 대상이신 하나님을 인식하며 그분이 어떤 존재인지를 안다면 우리가 기도할 내용은 사실 사라진다. 더욱이 그분이 우리를 알고 계시며 우리를 섭리하며 계획하신다는 것을 안다면 더욱 그렇다.

잠잠히 기다리는 것이 자연스러워진다. 그저 그분을 바라보는 것으로 충분하게 된다. 넉넉하게 행복해진다.

그런데 우리는 대상이신 하나님을 모르거나, 혹은 잘못 알고 있거나, 아니면 정확히 인지하지 못한 까닭에 기도를 못하거나, 하더라도 자기 말만 하거나, 아니면 반복함으로 강요하다 끝난다. 기도하는 것을 모르기 때문이다. 기도를 배워야 하는 이유이다.

13
기도는 하나님을 앓는 현상이다

기도하고 싶다. 모든 사람이 갖고 있는 어쩔 수 없는 욕망이다. 종교를 갖고 있든 갖고 있지 않든 상관없이 기도하고 싶어하는 갈망이 사람들에게는 있다. 칼 바르트는 이것을 '치료할 수 없는 하나님 앓이'(incurable God-sickness)라고 표현했다.

하나님 때문에 벌어진 일이라는 뜻이다. 우리 안에는 부정할 수 없는 하나님 추구가 유전자로 내재되어 있기 때문이다. 우리는 하나님의 형상대로 지음 받은 하나님으로부터 나온 존재이니까 "오직 선한 양심이 하나님을 향하여 찾아가는"(개역한글/벧전3:21) 현상이라 할 것이다.

기도하고 싶다. 하지만 기도가 힘들다. 바르트가 표현한 것처럼 기도가 하나님을 앓고 있는 현상이라면 기도는 하나님과의 깊은 영적 일치가 이뤄질 때 가능하게 된다. 우리의 기도가 현상적인 것을 넘어 하나님과의 일치에 이르는 구도적 삶이 중요할 수밖에 없는 이유이다.

나는 죄가 싫다

14
기도는 우리를 존귀하게 만든다

기도는 하나님과 대화하는 까닭에 기도하면 기도할수록 우리는 변화된다. 사람이 하나님을 상대하기 때문이다. 더욱이 하나님은 그런 우리를 존귀하게 대하시는 까닭에 기도의 깊이에 들어설수록 사람은 자신의 존귀함을 경험할 수밖에 없다.

그러나 그저 세상의 사람들을 대하는 사람들은 초라해질 수 있다. 세상은 어차피 물질적 기준으로 사람들을 평가하고 대한다. 그래서 세상으로 들어갈수록 사람은 더 초라해지는 것이다. 세상의 사람들은 절대 하나님처럼 우리를 대하지 않기 때문이다.

기도는 위대하다. 정확하게 말하면 우리를 위대하다는 사실을 알게 한다. 하나님을 만나기 때문이다. 하나님이 우리를 그렇게 대하시기 때문이다.

15

아무도 보지 않을 때 드러나는 내가 진짜 나다

내면이 깨어 있을 때 무의식적 행위들에 지배되지 않는다. 즉 이유 없는 쾌락의 추구나 파괴적 행위 등에 지배를 받지 않는다. 내면이 깨어 있어서 프로그램된 모든 무작위적 욕구에 충동되지 않기 때문이다.

그렇다면 나의 내면은 어떤 상태일까? 그것을 알기 위해서는 '아무도 보지 않을 때 나는 누구인가'를 살펴야 한다. 내가 외적으로 의식하고 모든 것들을 통제하고 있을 때가 아니라, 아무도 보지 않을 때 나를 의식하지 않을 수 있을 때 곧 무의식 속에 오랫동안 존재하고 있는 숨어 있는 자아가 어떻게 행동할 때 말이다. 그때 무엇이 나오는지를 보면 나의 내면의 상태를 알 수 있다.

어쩌면 자신이 무서울지도 모른다. 그때는 오히려 위험하지 않다. 알고 있으니까, 내가 누구인지를 알고 있으니까. 그러나 정작 위험한 때는 매우 대담하게 그런 모습을 스스로 자위하고 마음대로 행동할 때이다. 그러므로 자신을 주의해야 한다. 특히 아무도 보지 않을 때.

16
죄의 음식이 있다

기도하고 싶지 않을 때 기도해야 한다. 말씀을 듣고 싶지 않아도 들어야 한다. 이것이 기본이다. 내가 하고 싶은 대로 내 뜻대로 사는 것이 죄의 음식이다.

17
몸의 문제가 아니라 마음의 문제다

우리는 쉴 필요가 있다. 단순히 육체만 쉬는 것이 아니라 마음과 생각도 쉬어야 한다. 마음과 생각의 쉼이 없이 우리의 쉼은 온전한 쉼이 아니다. 그토록 열심히 휴가를 다녀온 후에 더 피곤한 이유이다.

그런데 가끔 멍때리고 난 후나 아무 생각 없이 아무것도 하지 않고 방구석에서 빈둥거리다가 일어나면 이상한 마음의 평화가 온다. 왜 그럴까?

뇌 과학 관점에서 보면 피곤의 경험은 뇌의 피로와 관계가 있다. 몸이 쉬더라도 뇌가 활동하고 있다면 쉼이 이루어지지 않는다. 다른 말로 하면 스트레스를 계속 받고 있는 것이다.

하나님이 우리에게 안식일을 명령하신 것은 단순히 육체의 쉼을 말하는 것이 아니라 모든 생각을 멈추고 쉬라는 뜻이고 당연히 하나님 안에서의 쉼을 의미한다. 재미있게도 육체가 피곤하게 일하더라도 어떤 복잡한 생각 없이 하나님의 일에 집중하는 것이 오히려 회복이 이뤄지는 것을 경험하는 것은 그 때문이다. 그때 한두 시간의 수면으로 사람의 몸은 회복된다. 그러니까 몸의 문제가 아니라 마음의 문제인 것이다.

18

수련은 다가올 위기의 강력한 대책이다

수련은 견딜만하다. 매일의 수련이 잘 안 되는 것은 수련이 어렵기 때문이 아니다. 게으르고 나태하기 때문이고 언제든지 할 수 있을 만큼 쉽기 때문이다.

반면에 위기와 환난은 견디기가 힘들다. 매우 어렵고 고통스럽다. 수련에 비하면 상상할 수 없을 만큼 힘들다. 무너진다.

'수련은 쉽지만, 위기는 어렵다.' 그러므로 이 사실을 반드시 기억해야 한다. 견딜 수 없는 환난과 위기가 올 때 수련된 자는 그 위기를 극복할 수 있는 힘이 그 안에 있다. 그 힘을 경험한다.

그러므로 쉽고 가능할 때 할 수 있는 수련을 멈추지 말고 나태하지 말아야 한다. 만일 지금 수련을 소홀히 하거나 게으르다면 위기와 환난이 올 때 이길 힘이 없는 것을 알게 될 것이다. 그러므로 지금 수련은 다가올 위기의 강력한 대책임을 잊어서는 안 된다.

19
우리 역시 신(神)의 성품에 참여할 수 있다

"예수께서 나가사 습관을 따라 감람 산에 가시매 제자들도 따라갔
더니 그 곳에 이르러 그들에게 이르시되 유혹에 빠지지 않게 기도
하라 하시고"(눅22:39-40)

"습관을 따라" 감람 산에 기도하러 가셨다. 이런 질문이 든다. '인간
이라면 습관이 필요하지만, 하나님이신 예수에게도 그런 습관이 필요
한가?'

우리가 간과한 것은 예수가 인간이셨다는 사실이다. 예수께서 기
도하기 위하여 습관이 필요했다는 뜻이 아니라 특별히 의도하지 않더
라도 감람 산으로 가실 때 그의 행보 역시 습관적이었다는 뜻이다.

'습관적이었다'라는 말을 다른 말로 하면 일상, 곧 생활이었다는 뜻
이다. 반복되고 계속된 삶이 자연스러운 삶이 되었다는 뜻이다. 일종
의 존재론적 행위가 된 것이다. 특별히 노력할 필요가 없어도 생활 방
식이 된 것이다.

우리 역시 이 같은 신(神)의 성품에 참여할 수 있다. 하나님을 예배
하고 말씀을 묵상하고 기도하는 삶이 매우 자연스러운 존재론적 행위
가 될 수 있는 것이다.

20

예수를 주로 고백하지만 주가 아닐지도 모른다

예수가 우리 주님이 되신다는 말은 그 전제가 우리가 예수를 따르겠다는 결정, 곧 예수를 주(主, LORD)로 시인하는 고백에 있다. 그런데 입술에만 시인이 있고 실제 삶은 예수를 주로 인정하는 삶을 살지 않는다면 예수는 사실상의 주가 아닐지도 모른다.

신앙은 입술로 고백하는 '립 서비스'가 아니다. 아무리 입술의 찬사가, 행위가, 예배 행위가 근사해도 소용없다. 주님은 우리의 껍질이나 보이는 것들에 영향받지 않으시고 우리의 중심, 우리의 마음을 보신다. 설령 보이는 육체의 행동이나 삶이 엉망이더라도 우리의 마음이 변질되지 않았다면 주님이 우리를 긍휼히 여기시는 이유이다.

예수를 주님으로 고백한다면 그것에 걸맞은 삶을 살아야 한다. 그렇게 살도록 추구해야 한다. 하지만 그 같은 삶의 태도와 추구가 없이 예수를 주로 고백하는 것은 진정 자신의 주님으로 받아들이지 않았기 때문이다. 그 사람의 주님이 아닐 수 있다는 뜻이다.

하나님의 사람은 다른 세상에서 살아야 한다

"내 말을 듣고 또 나 보내신 이를 믿는 자는 영생을 얻었고 심판에 이르지 아니하나니 사망에서 생명으로 옮겼느니라"(요5:24)

심판에 이르지 아니하며 사망에서 생명으로 옮겼다는 말은 다른 존재가 되었다는 뜻이다. 바울이 말한 "새로운 존재"(현대인의성경/고후 5:17)이다.

'새로운 존재'는 당연히 새로운 삶을 살아야 한다. 하나님 나라의 윤리와 가치를 가지고 살아야 한다. 달라스 윌라드는 "다른 세상에서 살아야 한다"(달라스 윌라드, 영성훈련, 은성, 66쪽)라고 말했다.

그런데 우리 신앙의 목적이나 태도가 이 세상을 살기 위한 것에 초점 된다면 그것은 위험하다. 하나님 나라를 추구하지 않고 이 세상을 추구하게 하기 때문이다. 소위 기복신앙이고 이를 뒷받침하는 번영신학이 번성해진 이유다.

예수로 인하여 사망에서 생명으로 옮겨졌고 하나님 나라가 이뤄진 삶을 사는 우리는 그 이뤄진 하나님 나라를 살아야 한다. 다른 가치와 다른 목표로 이뤄진 다른 세상에서 살아야 한다.

22
주님은 외롭지만 외로움을 사랑하셨다

예수께서는 완전한 인간이었다. 겟세마네로 나아가실 때 그는 제자들을 곁에 두셨다.

> "내 마음이 매우 고민하여 죽게 되었으니 너희는 여기 머물러 나와 함께 깨어 있으라"(마26:38)

주님도 외로워하셨다. 하늘을 지붕 삼고 돌을 베개 삼아 누우셨을 것 같은 예수도 외로우셨다. 그런데 이상하다. 그토록 힘들어하셨는데 주님은 공생애 기간 내내 홀로 기도하러 나아가셨다.

> "새벽 아직도 밝기 전에 예수께서 일어나 나가 한적한 곳으로 가사 거기서 기도하시더니"(막1:35)

주님은 외롭지만 외로움을 사랑하셨던 것이다. 다시 말해 하나님이 계셨기에 외롭지 않으셨지만, 이 세상을 살기에 외로우셨던 것이다.

음, 부엌에서 뭔가를 준비하고 있는 아내의 달그락거리는 소리가 아름답다. 교회에 들어서면 나를 보고 달려오는 아이들을 만나는 것이 행복하다. 예배하고 기도하기를 힘쓰며 힘겹지만 애써서 사는 청년들이 고맙다. 외로울 텐데 주를 바라보며 사는 그들과 함께 있는 것이 감사하다.

23

우리가 육체로 살 세상은 지금 이 세상이 전부이다

우리가 분명 그리스도 안에서 새로운 존재이지만 실제로는 새로운 존재라 말할 수 없다. 언제나 우리는 한 해가 끝날 때 지난 시간을 후회한다. 그리고 새해는 달라지겠다고 다짐한다. 그런데 어김없이 실패한다. 신정과 구정, 일 년의 두 번 새해를 맞이해도 소용없다. 심지어 대부분이 이렇게 살다가 늙어간다.

왜 이렇게 악순환되는가? 가장 중요한 이유는 속사람이 변한 것만큼 옛사람을 바꾸는 것에 실패해서 그렇다. 생활양식을 바꿔야 하는데 그것은 그대로 두고 처음 믿었던 것으로 산 것이다. 작은 것도 바꾸지 않고 미뤄둔 채 말이다.

그렇게 바꾸지 못한 어느 날, 옛날로 돌아갔기 때문이다. 우리에게 눌어붙은 옛사람은 쉽게 바뀌지 않기 때문이다. 그리고 옛사람의 방식을 반복하며 산다. 그것이 끝이다. 심각한 것은 그 처음의 뜨거운 경험도 희미해지는 것이다. 하나님의 놀라운 은혜는 값싼 은혜로 저 뒷방으로 밀려난다. 이름은 크리스천이지만 그냥 세상 사람이 되고 만다.

더 기막힌 것은 우리가 육체로 살 세상은 지금 이 세상이 전부라는 사실과 머지않아 곧 이 세상이 끝난다는 사실이다.

24

기도는 전부이다

기도는 주술 같은 것이 아니다. 자판기 같은 것도 아니다. 우리가 필요할 때만 무엇인가 요청하는 것이 기도의 전부가 아니다.

기도는 전부이다. 마치 사랑하는 사람을 하루 종일 생각하고 꿈에라도 생각하고 기억하는 것 같은 것이 기도의 깊이를 결정한다. 그래서 기도는 호흡이고 대화이다. 인격적인 것이다.

매일 주님을 생각하고 주님의 말씀을 묵상하고 주님을 사랑하는 자가 하는 말은 언제나 강력하다. 그 기도하는 자를 주님 역시 이미 사랑하고 계시기 때문이다. 그러므로 온전한 기도자를 찾는 것은 쉽다. 그의 삶을 보면 알 수 있기 때문이다.

25

당신에게 향하지 않는 한 슬픔에 빠진다

"인간의 혼이 어디로 향하든지 당신에게 향하지 않는 한 슬픔에 빠지게 됩니다."(성 어거스틴, 성어거스틴의 고백록, 대한기독교서회, 4.10.15)

아무리 아름다운 것을 추구해도 하나님 없는 아름다움은 아름다움이 아니다. 우리가 간혹 경험하는 일이지만 그토록 아름다운 노래를 만들고 그림과 글을 썼을지라도 슬픔에 잠기고 심지어 죽음을 자초하는 경우를 보는 이유이다. 그러므로 하나님 밖으로 나가서는 안 된다. 하나님 없이 살아서는 안 된다. 아무리 아름답고 멋진 삶처럼 보여도 하나님 밖은 비극이 분명하기 때문이다. 그것이 인간이라는 것을 잊어서는 안 된다.

"비록 당신 밖에, 나 자신 밖에 있는 아름다운 것들을 추구한다 할지라도 그러합니다. 왜냐하면 당신으로부터 오지 않는 아름다운 것이란 존재할 수도 없기 때문입니다."(성어거스틴의 고백록, 4.10.15)

270 　나는 죄가 싫다

26
예수를 믿지만 변화되지 않는 이유가 있다

우리의 변화는 마음의 변화에서 비롯된다. 무엇을 사랑하는지가 중요한 이유다. 누군가를 사랑하면서 우리의 마음이 온통 뺏기면 그때 삶은 달라지기 때문이다.

우리의 전적인 변화와 강력한 갱신을 원한다면 우리가 사랑하는 이인 하나님에게 완전히 마음이 뺏겨야 한다. 그때 우리는 마치 사랑하는 이를 위해 시간과 행위의 모든 계획이 구성되듯이 하나님에게 모든 것이 초점 될 것이다. 그때 전적인 변화가 이뤄진다.

우리가 예수를 믿지만 변화되지 않는 이유는 자신의 마음을 견고하게 붙잡고 있기 때문이다. 마음은 주지 않은 채 주님을 믿기 때문이다. 여전히 나를 사랑하고 나를 집중하고 나를 연민하기 때문이다.

평생 이렇게 산다면 우리의 완전한 변화와 갱신은 평생 불가능하다. 그저 그런 크리스천으로 끝나고 말 것이다.

찬양과 감사가 기도의 전부일 수밖에 없다

기도의 깊이에 이른 자들은 언제나 기도의 시작부터 찬양으로 시작하고 기도를 마칠 때도 찬양으로 끝낸다. 하나님의 섭리를 알기 때문이고 그 모든 일에 개입하실 것을 알기 때문이다. 찬양이 아닌 다른 것으로 기도를 마칠 수 없다.

그래서 시편 기자들의 찬양과 기도시는 처음부터 '할렐루야' 찬양으로 시작하지만 마칠 때에도 '할렐루야'로 끝낸다. 언제나 기도는 찬양으로 시작하고 찬양으로 끝난다. 그럴 수밖에 없다. 기도의 깊이에서 하나님을 깨닫는 순간 다른 고백은 무의미해졌기 때문이다. 찬양과 감사 외에 다른 것은 필요하지 않다는 것을 알게 되어서 그렇다.

"할렐루야 그의 성소에서 하나님을 찬양하며 그의 권능의 궁창에서 그를 찬양할지어다 그의 능하신 행동을 찬양하며 그의 지극히 위대하심을 따라 찬양할지어다 나팔 소리로 찬양하며 비파와 수금으로 찬양할지어다 소고 치며 춤 추어 찬양하며 현악과 통소로 찬양할지어다 큰 소리 나는 제금으로 찬양하며 높은 소리 나는 제금으로 찬양할지어다 호흡이 있는 자마다 여호와를 찬양할지어다 할렐루야"(시150:1-6)

28
회개는 하나님을 높이고 찬양하는 행위이다

회개는 단순히 죄를 뉘우치고 돌아서는 것만이 아니라 하나님을 높이고 찬양하는 행위이다. 정확히 말해서 회개는 그리스도 예수 십자가 구속 사건을 인정하는 행위이기 때문이다.

이처럼 회개는 예수 그리스도가 성취하신 대속 사건을 빛나게 하는 것이고 그분의 이름을 높이는 것이다. 그래서 회개는 단순히 죄의 문제만이 아니라 영적 부흥의 열쇠가 된다. 알다시피 평양 대부흥 운동을 비롯하여 모든 부흥 운동의 근저에는 회개 운동이 있었다. 회개는 개인의 죄가 해결되는 것만이 아니라 공동체 심지어 민족의 변화를 이끄는 영적 부흥의 단초였기 때문이다.

회개하는 자, 회개하는 교회는 아름답다. 반복하는 죄와 더러움을 근심하고 괴로워하는 자도 아름답다. 회개로 이끌기 때문이다.

> "하나님의 뜻대로 하는 근심은 후회할 것이 없는 구원에 이르게 하는 회개를 이루는 것이요"(고후7:10)

오늘의 문제는 간단하다. 진심으로 죄를 회개하고 방향을 바꾸지 않은 채 끝없이 죄를 반복하는 것이다. 죽음에 이를 때까지 말이다.

29
그리스도의 구속은 마음까지 포함되어 있다

주님이 대신 짊어지신 죄는 단순히 눈에 보이는 현상적인 죄만이 아니라 우리 마음의 죄까지도 포함한다. 그러므로 그리스도의 영을 가진 자들은 죄로 인한 내면의 고통을 느낄 수밖에 없다.

다윗이 밧세바를 범하였지만 그 후 그녀를 받아들이고 살면서 충분히 현상적인 죄를 회개했을지도 모른다. 그런데 나단 선지자의 예언은 그의 마음을 보게 하였다. 그 순간 마음이 찢어졌다.

그때 다윗이 경험한다. 찢어진 마음을 이어 붙이고 계시는 하나님이셨다. 자신의 찢어진 마음을 바라보시는 하나님의 애틋함을 느낀다. 마음조차 위로하시고 품으시고 회복시키시는 하나님을 경험한 것이다.

> "하나님, 내 제물은 찢어진 마음뿐, 찢어지고 터진 마음을 당신께서 얕보지 아니하시니,"(공동번역/시51:17)

죄책감은 아름답다. 그 마음을 고통하며 회개할 때 주님이 그 마음의 구속이 이뤄지기 때문이다. 그러므로 죄의 용서는 현상적인 죄의 구속과 마음 영역의 구속이 동시에 이뤄지는 것이다.

30
기도는 목숨 건 사투이다

기도가 엄청난 노동이며 숨 막히는 간구가 될 때가 있다. 단순한 희구나 소원이 아닌 생명이 달린 강력한 책임이라는 것을 알게 될 때이다. 모세가 자신의 생명을 걸고 기도한 것처럼 말이다.

> "이제 그들의 죄를 사하시옵소서 그렇지 아니하시오면 원하건대 주께서 기록하신 책에서 내 이름을 지워 버려 주옵소서"(출32:32)

이처럼 기도는 해도 되고 안 해도 되는 것이 아니다. 모세가 말한 것처럼 기도는 목숨 건 사투이다. 그래서 사무엘은 기도하지 않는 것은 죄라고 고백한 것이다(삼상12:23). 당연하다. 죽음 앞에 있는 영혼을 위한 기도를 소풍처럼 할 수는 없는 노릇이니까.

정작 우리의 문제는 이처럼 목숨을 건 기도를 할 수 없는 것에 있다. 그뿐만 아니라 하고 싶어도 그 같은 기도를 할 수 없는 것에 있다. 그러므로 만일 목숨을 걸고 기도하는 사람을 만날 수 있다면 얼마나 축복된 일인가?

31
나는 죄가 싫다

나는 죄가 싫다. 가장 큰 이유는 그리스도 예수와 멀어지게 하기 때문이다. 나는 죄를 미워한다. 하나님과 상관없는 존재가 될까 두렵기 때문이다. 심지어 나는 죄가 두렵다. 하나님이 말씀하시고 속삭이시며 꾸짖기도 하시고 격려하시고 박수치시며 환호하시는 음성이 사라지기 때문이다.

나는 죄가 싫다. 그것 때문에 세상의 영광이나 즐거움, 세속적 성공이나 번영을 보장하지 않을지라도 나는 죄와 타협할 마음이 없다. 조금도 없다.

9

기도는 나에게 휴가를 주는 것이다

1

죄로 인해 죽고 싶을 만큼 괴로운 자여야 한다

"그 때에 예수께서 성령에게 이끌리어 마귀에게 시험을 받으러 광야로 가사"(마4:1)

"성령에게 이끌리어" 사는 것이 바로 자기 부인의 삶을 설명하는 것이다. 내 마음과 뜻, 자신의 욕망과 자기 연민에 이끌리어 사는 것이 아니라 성령이 속삭이는 대로 사는 것 말이다.

그러나 쉽지 않다. 우리는 매일 자신의 욕망과 자기 자신과 싸울 수밖에 없다. 깊이 성령의 이끌림을 받을 때 우리는 우리 자신의 죄 때문에 고통한다. 견딜 수 없는 근심에 빠진다. 그 비참함에 탄식한다. 급기야 죽고 싶은 마음에 이르기도 한다. 바울은 그랬다.

"아, 나는 비참한 사람입니다. 누가 이 죽음의 몸에서 나를 건져 주겠습니까?"(새번역/롬7:24)

'죄로 인해 죽고 싶을 만큼 괴로운 자'가 된 것이다. 바로 성령에 이끌리어 사는 자의 탄식이다.

2
쉬지 않고 기도하는 비결은 쉬지 않고 기도하는 것이다

기도는 어렵다. 어렵지만 쉬워지는 방법은 기도를 더 많이 하는 것이다. 기도가 대화라는 것을 이해한다면 더 많이 말을 나눠야 한다는 뜻이다. 친한 사람들 사이는 그렇다. 시시콜콜한 얘기들까지 말한다. 만일 '중요한 얘기만 해. 용건만 간단히 해'라고 말한다면 이미 사무적 관계라는 뜻이다. 친구들 사이는 그렇게 하지 않는다.

그런데 친한 것을 넘어 사랑한다면 더 많은 얘기를 하는 동시에 언제나 말하는 상태가 된다. 늘 생각한다. 모든 생각이 그 사람으로 채워졌기 때문이다. 그러므로 모든 순간이 생각하고 그리워하고 혼잣말로라도 말하고 있는 상황이 된다.

온전한 기도는 그런 것이다. 입으로 나오는 말만 기도가 아니라 이미 생각과 마음이 주님과 하나 되는 것이다. 그때 기도는 자연스러워진다. 시간을 정해서 기도하는 것이 아니라 기도는 삶이 된다. 호흡이 된다. 그러므로 다른 방법은 없다. 기도를 잘하는 방법은 주님과 나누는 대화가 자연스러워질 때까지 오로지 기도를 더 하는 것 외에는 없다.

3
어느 날 우리는 깨달음(awakening)에 이른다

침묵은 주로 의식의 영역에서 움직인다. 또한 그동안 자신이 사용했던 숨은 동기에 의한 심리적 행동들이나 생각에 집중된다. 초기에는 그것들에서 나오는 수많은 생각들과 찌꺼기들로 싸움은 계속된다. 어떤 때는 소모적인 것처럼 느껴질 수도 있다.

하지만 우리의 계속된 수련은 단순히 의식적인 침묵에서 영적인 차원으로 옮겨진다. 하나님과의 깊은 일치로 나아간다. 그곳에서 우리는 하나님을 알고 있는 본래적 자아를 보게 된다.

> "사람의 마음에 있는 모략은 깊은 물 같으니라 그럴지라도 명철한 사람은 그것을 길어 내느니라"(잠20:5)

베드로가 들었던 하나님의 음성을 듣기도 하고 성령을 통한 하나님의 인도하심과 지혜를 경험하기도 한다. 의식적 영역(무의식도 한때 의식이었으므로 무의식을 포함)에 머물러 있던 우리의 깊이가 영적인 것을 알아차리게 된 것이다. 그때 우리의 의지도, 기도도 다른 모습으로 변화한다. "그리스도의 충만하심(fullness)의 경지"(새번역/엡4:13)에 이른 자들의 권위 같은 것으로 말이다.

9 기도는 나에게 휴가를 주는 것이다

4
죄는 냄새로 우리 기억 속에 여전히 남아있다

십자가상의 흉악한 강도는 자기 자신의 죄를 시인하고 주를 의존하는 고백을 통하여 죄 사함을 받았다. 그것의 증거가 하나님 나라에 그리스도와 함께 참여하는 초청을 받은 것이다.

그렇다면 그가 지었던 죄는 어디로 증발한 것인가? 말 그대로 증발했다. 사라졌다. 주님께서 그의 죄를 그의 고백과 함께 동시에 도말시키신 것이다. 그가 하나님 나라에 들어갈 수 있는 이유이다.

오늘 우리에게도 동일하게 적용된다. 우리가 죄를 자백하고 회개하여 주를 믿고 있다면 우리의 죄는 사라졌다. 없다! 그런데 우리가 죄로 인해 힘들고, 죄책감으로 괴로워하는 이유는 무엇인가?

죄가 기억 속에 남아있기 때문이다. 내가 완전히 나를 용서하지 못하였고 내가 주님의 용서를 온전히 받아들이지 못한 까닭이다. 그래서 아직도 죄가 냄새로 남아있고 흔적으로 기억 속에 남아있다. "얽매이기 쉬운 죄"(히12:1)이기 때문이다. 그러므로 생각과 기억, 마음속에 남아있는 죄, 몸에 새겨진 죄의 흔적들을 가볍게 여겨서는 안 되며 회개는 확실하게 늘 이뤄져야 한다.

5

하나님 안에서 우리 자신을 잃을 수 있다

하나님과의 일치에 이를수록 우리는 우리 자신을 잃을 수도 있다. 하지만 슬퍼하거나 아쉬워할 필요는 없다. 이 '자신'은 본래적 모습에서 이탈되었거나 왜곡된 우리 '자신'이기 때문이고, 바울이 그토록 벗고 싶었던 '옛사람'이기 때문이다.

오히려 하나님과의 일치에 이를수록 우리는 주님의 성품을 닮은 온전한 인간, "그리스도의 완전성"(공동번역/엡4:13)에 이르게 될 것이다. 그때 우리는 다른 세상을 만날 것이고, 다른 것들, 하나님의 비밀들을 보고 경험하게 될 것이다. 예수를 믿고 하나님의 자녀가 된다는 것은 그런 비밀이 있기 때문이다.

그러므로 당황하거나 두려워할 필요가 없다. 우리의 변화는 분명 가장 아름다운 모습일 것이다. 시내 산에서 하나님을 만난 모세의 황홀함처럼 말이다.

6
하나님께 나아갈 때 우리는 일치를 경험한다

우리가 함께 침묵으로 하나님께 나아갈 때 놀랍게도 우리는 서로의 일치를 경험한다. 각 사람이 하나님을 추구하고 나아갈 때 그분이 우리 각 사람에게 임하시기 때문이다.

'그리스도와 가까워지므로 그리스도와 가까워진 자들은 신비롭게 가까워진다.'

자연스럽게 우리는 일치에 이른다. 그래서 언제나 그리스도 안에서 함께 하는 공동체는 영적인 일치를 강력하게 경험한다. 이 같은 경험은 교회를 떠나 홀로 있을 때에도 이어진다. 기도하기 위하여 자리를 잡을 때 홀로 있는 것이 아니라 함께 있는 것을 느낀다. 주님이 함께 계시기 때문이지만 이미 주님과 함께 있는 다른 지체들 때문이다. 우리와 동일시하는 주님과 일치되므로 우리 모두가 일치에 이르는 것이다.

"그 날에는 내가 아버지 안에, 너희가 내 안에, 내가 너희 안에 있는 것을 너희가 알리라"(요14:20)

7

지식의 찬란함은 말로 표현할 수 없다

일치와 쉼이 끝이 아니다. 변형으로 나타난다. 다른 존재 됨이 지배한다. 하나님이 우리 안에 계셔서 일치가 이뤄지고 온전한 샬롬, 쉼이 이뤄지기 때문이다.

하나님의 임재로 인해 터져 나오는 연속적인 폭발은 우리가 그동안 경험하지 못하고 보지 못하던 것들이다. 내가 말을 하지만 나의 지식의 전부가 아니고, 내가 보지만 나의 시선의 전부가 아니다. 동시에 내가 느끼지만 감각이 전부가 아니다.

개방이 일어난다. 모든 것은 하나님 앞에 적나라하게 드러나고 내 안의 숨어있던 나는 온전히 하나님의 영으로 빛을 드러낸다. 우리 깊은 곳에 감춰졌던 것들을 길어 끄집어낸다. 그러므로 그 지식의 찬란함은 말로 표현할 수 없다.

> "사람의 마음에 있는 모략은 깊은 물 같으니라 그럴지라도 명철한 사람은 그것을 길어 내느니라"(잠20:25)

그런데 우리는, 교회는, 어떤 목사들과 어떤 크리스천들은 너무 이 세상에 얽매여있다. 그 세상의 말라버린 우물 바닥을 긁으면서 말이다.

8
기도하라 그러나 주도하지는 말라

기도를 주도하지 말라. 무슨 얘긴가? 우리가 하고 싶은 얘기, 맺힌 얘기, 당장 해결되었으면 하는 얘기 등 수없이 많은 기도 제목이 있다. 우리는 그것들을 풀어달라고 기도한다.

그렇지만 기도를 주도하는 것보다 먼저 하나님의 뜻을 듣는 것이 중요하다. 하나님의 뜻에는 분명히 우리가 그토록 목청 높이고 기도하는 모든 것의 대답이 들어있기 때문이다.

"구하기 전에 너희에게 있어야 할 것을 하나님 너희 아버지께서 아시느니라"(마6:8)

그런데 쉽지 않다. 억울하고 힘들고 분하고 절박하다. 그래서 소리를 지르며 간절히 기도한다. 물론 그래도 좋다. 하지만 그렇게 기도하다가도 잠시 멈추고 그분의 음성을 듣기를 시도하고 내가 주도하던 것들을 내려놓기를 시도해야 한다.

그러므로 기도하라. 그러나 주도하지는 말라. 간절히 간구하라. 그러나 그보다 하나님의 뜻을 묻고 기다리라.

9

호흡으로 기도하다

호흡하는 것은 우리가 하나님으로부터 나온 존재임을 의식하는 것이다. 그러므로 아무 의식도 없이 자연스럽게 숨을 쉬다가 호흡을 의식함으로 하나님을 의식하는 것은 중요하다.

나의 경우, 호흡으로 예수 기도를 사용하는데, 숨을 내쉴 때 '예수여'라 말하고 숨을 들여 마시면서는 '나를 불쌍히 여기소서'라고 고백한다. 그때 내가 하는 호흡은 기도이다.

그러므로 길을 걸어가다가도, 생각이 나를 지배할 때에도, 미움과 분노가 터져 나올 때에도 이 호흡으로 하는 기도는 중요하다. 살아있는 것은 하나님 때문이고 하나님을 생각하므로 우리는 새로운 힘을 얻기 때문이다.

10
기도는 나에게 휴가를 주는 것이다

기도의 정점에는 이 세상을 살던 자기를 부정하고 온전히 하나님을 향하는 긍정이 있다. 원하든 원하지 않든 열심히 살던 나를 두고 하나님께로 간다는 의미에서 기도는 나에게 휴가를 주는 행위이다.

너무 지쳤음을 인정하고 '내게로 와서 쉬라'라는 주님의 초청에 응하여 쉼을 얻는 것이다. 그래서 언제나 기도의 깊이에는 '쉼'이 있다.

그대로
주님 안에
침묵함으로
서 있는 것
나에게
휴가를 주는 것

11
마음을 방치해서는 안 된다

기도를 온전히 하기 위해서는 우리 마음이 상처를 입어서는 안 된다. 기도는 행위가 아니라 관계이기 때문이다. 우리의 기도가 힘이 없는 것은 훼손된 마음으로 기도하기 때문이다.

그런데 사람들은 상처받은 마음을 그냥 방치해 둔다. 마음이 상한 채로, 분노의 상태로 방치한다. 그리고 마음이 범하는 범죄와 마음이 썩어 부패하기까지 그대로 둔다. 심지어 훼손되고 부패한 마음이 원하는 대로 행동한다. 죄는 깊어지고 돌아서지 못할 단계로 발전된다. 위험한 상태에 이르는 것이다.

절대로 마음을 내버려 둬서는 안 된다. 힘들더라도 마음의 정결을 추구해야 한다. 그러므로 성령이 오셔서 우리의 마음을 치료하고 정결하게 하시도록 마음을 열어놔야 한다.

12
먼저 기도부터 해야 한다

기도하는 것 못지않게 중요한 것은 기도의 힘을 갖는 것이다. 그 기도의 힘은 기도하는 것에서부터 시작된다.

그러므로 '잘 모를 때 할 것'은, '뒤죽박죽일 때 할 것'은 먼저 골방으로 들어가 기도하는 것이다. 그곳이 사무실 내 책상이든, 창가든, 방 구석이든, 아니면 카페 귀퉁이 어디든 먼저 기도하는 것이다.

기도하는 것이 기도의 힘을 갖는 첫걸음이다. 그러므로 아무 말도 하지 말고 먼저 기도부터 해보라.

13
기도하지 않는 자들이 너무 많다

가장 힘든 것은 기도하지 않는 자들과 함께 사는 것이다. 특히 기도 없이 말만 하는 자들과는 피곤하다. 나와 초점이 맞지 않는다. 기도하지 않는 자들이란 자기 생각으로 말하는 자들이고 언제나 상황과 처지에 따라 들쭉날쭉 변화무쌍한 모습을 보이는 자들이기 때문이다.

그러나 기도하는 자들과는 늘 즐겁다. 이미 우리는 내면적 일치와 그리스도 안에서 하나 됨을 경험하는 까닭이다. 그래서 어떤 말도 필요 없다. 지나치면서 눈만 마주쳐도 충분하다. 이미 기도로 만나고 있으니까.

그런데 기도하지 않는 자들이 너무 많다. 그것이 아프다.

14
더 아름다운 것이 있다

그리스도와 일치를 경험할수록 우리는 내면의 공허를 경험할 수 있다. 내가 즐기고 의지하던 것들의 상실이 발생했기 때문이다.

대체적으로 우리의 기쁨과 쾌락은 감각적이고 육체적이며 이 세상적이다. 물질적 풍요와 성공과 자극으로 우리는 행복을 경험했던 측면이 있다. 하지만 그리스도와 일치로 인한 행복은 이 세상적이지 않다. 그래서 새로운 형태의 기쁨과 쾌락이 온다. 하지만 동시에 그동안 누렸던 육체적인 것들의 상실로 인한 공허가 발생한다. 그것이 내면의 공허로 나타날 수 있는 것이다.

그래서 이 같은 상황을 만나면 우리는 더 나아가지 못한다. 우리의 거룩 추구가 멈춰지는 지점이다. 이 세상이 더 좋기 때문이다.

그렇다고 오해는 하지 말라. 이 세상이 필요 없거나 이 세상적인 것의 기쁨이 잘못되었다는 뜻은 아니다. 단지 절대적인 것이 아니라는 말일뿐이다. 영원한 것은 아니라는 말이다. 더 아름다운 것이라는 것을 이해할 수 있겠는가? 경험해 보았는가?

15
보지 않아도 보는 것이 지향이다

'예수를 바라본다.' 토마스 키팅의 표현을 빌리면 "거룩한 응시"(토머스 키팅, 좋은 몫, 성바오로출판사, 81쪽)다. 어디에 있든지 무엇을 하든지 주님을 의식하는 것이다. 그때 우리는 놀라운 평화, 주님이 우리를 품고 계심을 경험한다. 원래 주님이 우리를 품고 계시기 때문이다.

마치 마음껏 자기 뜻대로 놀고 있는 아이가 느끼는 어머니의 시선과 품어주심 같은 것이다. 그래서 아이는 자유롭게 놀며 즐길 수 있다. 물론 아이도 어머니를 응시한다. 보지 않지만 응시한다. 가끔 '어머니' 하고 부르면 되고 더 간절하면 직접 보면 된다. 하지만 그것으로 충분하다. 보지 않아도 보는 것에 이른다. 보지 않아도 보기 때문에 늘 보는 것을 경험한다. 이것이 주님을 향하는 것, 지향(志向)이다.

16

변화를 노력한 사람은 많지만 변화된 사람은 별로 없다

죽지 않고 우리가 오랫동안 영위해 온 거짓 자아의 삶을 바꿀 수 있는 방법은 없다. 그런데 자기 연민으로 가득 찬 우리가 죽는 것은 불가능하다. 그래서 우리는 이대로 산다.

사실 조금 노력하고, 일시적으로 몸부림치는 것으로는 거짓 자아의 문제를 해결할 수는 없다. 재미있게도 우리가 요란하게 움직이며 시도하면 거짓 자아도 잠시 숨 고르기를 한다. 그리고 곧 우리가 지쳐 주춤하다가 다시 원래로 돌아갈 조짐을 보이면 그때 공격을 시작한다. 자기 연민의 고리를 가지고 말이다.

알다시피 변화를 노력한 사람은 무수히 많지만 변화된 사람은 별로 없다. 그러다가 더 이상 변화의 노력이 무의미하다고, 헛되다고 말하며 세상화 된 삶을 정당화시킬 때 우리는 끝나는 것이다. 교회도 끝나고 크리스천도 이름만 있을 뿐 실체는 없어지고 만다. 종교인과 같은 개념으로 '교회인'이 된다.

17
기도는 방법이 아니다

　기도는 방법이 아니다. 어떤 방법으로도 기도를 잘할 수는 없다. 기도는 성령과의 교통으로 이뤄지는 것이기 때문이다. 그러므로 온전한 침묵이 오히려 더 깊은 기도로 나아가며 온전한 일치에 이르게 한다.

　침묵은 방법이 아니라 온전히 하나님의 주권을 인정하는 의도 혹은 지향이다. 하지만 우리는 너무 많이 자신을 주장하고 자신의 의도대로 하나님이 움직여주시길 원한다. 교만한 것이다.

　이미 하나님은 다 이루셨고 다 계획하셨다. 어쩌면 우리가 할 수 있는 것은 없을지도 모른다. 그러므로 설령 기도한다는 자들도 이것을 주의해야 한다. 기도는 방법이 아니다.

18
괴로움을 주는 생각이 떠오르자마자 흘려보낸다

우리는 거룩하지 않다. 거룩하지 않은 자가 부정한 생각을 했다. 그 생각을 방치한다. 생각이 자라나서 통제할 수 없는 괴물 생각이 된다. 그래서 토마스 키팅이 이런 말을 했다.

> "괴로움을 주는 모든 생각이 떠오르자마자 놓아 버리는 습관을 기르는 것이 기도 중 최고의 금욕이다."(토머스 키팅, 좋은 못, 성바오로출판사, 111쪽)

침묵기도가 필요한 이유다. 침묵 속에서 우리는 그 생각들을 만날 수 있기 때문이다. 정신없이 바쁘게 사는 까닭에 전혀 신경 쓸 수 없었던 생각들을 직면할 수 있기 때문이다.

또 한 가지, 가장 중요한 것은 하나님의 현존 앞에 설 수 있기 때문이다. 우리의 생각들을 그분에 정직하게 내어놓을 수 있기 때문이다. 정말로 큰 유익이다.

방치해서는 안 된다. 우리의 생각과 더러움이 마음대로 활보하고 나를 조종하도록 방임해서는 안 된다. 언젠가 그 괴물이 실제적인 힘으로 우리를 지배할지 모른다.

말씀 없이 살고자 하다니 어리석은 일이다

명상이나 단순히 침묵만으로는 안 된다. 비우는 것과 함께 채워져야 한다. 반드시 말씀이 필요한 이유이다.

타 종교 혹은 다른 영적인 운동들이 유사 영성인 이유이다. 하나님이신 말씀으로 채워지지 않는 한 아무리 비울지라도 인간은 참된 평화에 이를 수 없다. 간혹 평화와 안식에 이른 것처럼 보인다. 하지만 본래적인 평화가 아니다.

다른데 기웃거리지 말고 결국은 말씀으로 돌아와야 한다. 그런 의미에서 주님이 말씀하신 자기 부인으로의 침묵은 듣기 위함이고 그 내용은 하나님의 말씀이어야 한다.

우리의 불안과 흔들림, 좌절과 절망 그리고 슬픔은 말씀의 결핍에서 기인한다. 영이 굶주리고 헐벗은 상태이기 때문이다. '사람은 하나님의 말씀으로 살아야 한다'(마4:4). 잊지 말라. 그러므로 '말씀 없이 살고자 하다니 어리석은 자여!'

20
하나님을 사랑하는 상사병은 희귀병이 되었다

하나님을 사랑하는 사람은 하나님을 늘 생각한다. 원래 사랑은 그렇다. 그 사랑이 너무 깊어지면 상사병에 걸리기도 한다. 한자어로 상사병 '서로 생각하는 병'(相思病)이라고 쓰는데 오히려 '언제나 생각하는 병'(常思病)이라야 해야 옳다.

그래서 하나님을 사랑한다면 '언제나 하나님을 생각하는 병'(常思病)에 걸릴 수밖에 없다. 바울이 고백한 것처럼 "먹든지 마시든지 무엇을 하든지 다 하나님의 영광을 위하여"(고전10:31) 살 수밖에 없고 "살든지 죽든지 내 몸에서 그리스도가 존귀하게 되게"(빌1:20)하는 것이 목적이 된다. 내가 스스로 홀로 사는 것이 아니라 "오직 내 안에 그리스도께서 사시"(갈2:20)기 때문이다.

그런데 실제로 우리는 하나님 없이 산다. 정확하게 말하면 하나님을 생각하지 않고 산다. 그래서 언제부터인가 상사병은 희귀병이 되었다. 진정 상사병에 걸린 자들이 사라진 것이다. 나는 어떠한가? 이 고백이 진실로 나의 고백인가?

"나의 힘이신 여호와여 내가 주를 사랑하나이다"(시18:1)

21

하나님과의 사귐은 시간이 필요하다

모든 사귐은 시간이 필요하다. 시간이 흐르는 동안 언제나 동일한 모습과 태도, 그 진정성을 확인하면서 사귐은 깊어진다.

물론 짧은 시간에도 진실된 사귐이 이뤄질 수 있다. 그것을 부정하는 것이 아니다. 단지 짧은 시간이란 오래된 사귐과 관계를 이룰 시간이 없었다는 뜻이다. 그래서 짧은 시간은 쉽게 의심을 만든다. 그 의심은 상대에게서 시작되지 않고 나에게서 시작된다.

하나님과의 관계도 마찬가지다. 역시 시간이 필요하다. 물론 하나님은 즉각적이고 영원하신 분이시지만 문제는 우리다. 우리는 시간이 필요하다. 우선 우리는 우리 자신을 의심한다. 신뢰할 수 없는 자기 자신을 누구보다 잘 알기 때문이다.

그러므로 하나님을 믿고 깊은 친밀감을 누리며 온전한 일치가 이뤄지기까지는 시간이 필요하다는 것을 잊어서는 안 된다. 지루하지만 꾸준히 그 자리에 있는 것이 중요하다. 이처럼 신앙은 그 자리에 견고히 서 있는(stand firm/출14:13) 것에서 부터 깊어지기 때문이다.

22
기도는 고통스럽다

어쩔 수 없다. 내 마음은 내가 사랑하는 믿음의 형제, 자매들을 향하지만 내 영은 하나님을 떠나 방황하거나 하나님 없이 사는 어리석을 영혼들을 향한다. 그래서 기도할 때 어김없이 기도의 방향은 그들을 향한다.

그런 까닭에 언제나 기도는 고통스럽고 마음이 아려온다. 내가 기도하는 대상은 나의 기도가 필요한 대상이기 때문이다. 혹시 누군가 기도하고 있는지 모르지만 만일 없다면 내가 그 사람의 최후 대책같이 느껴지기 때문이다. 내가 기도하지 않으면 그가 붕괴될지도 모르니까 그렇다.

몰랐을 때가 좋았다. 그런데 알게 되었으니 이제 어쩌랴. 오장육부가 찢어진다고 고백하던 예레미야의 고통만큼은 아니지만, 이 같은 이유로 나에게 기도는 늘 고통스러운 일이다.

23
언제나 죄인임을 기억하며 살아야 한다

다른 사람에게 피해를 준 가해자는 용서받았을지라도 항상 가해자임을 잊어서는 안 된다. 특히 사람에게 가해진 잘못은 사라질 수가 없다. 이미 현상적으로 행해진 것이기 때문이다.

비록 하나님이 용서하셨을지라도 피해자가 용서하지 않았거나 용서할 수 없는 상태일 수 있다. 혹시 용서했을지라도 기억해야 한다. 그 기억은 가해했던 자신에게 유익이 된다. 겸손하게 되고 함부로 행하지 않는다. 법적으로는 죄인이 아니지만 늘 죄인임을 기억하기 때문이다.

바울이 바울 된 것은 그리스도 예수의 구속의 은총 때문이지만 그가 늘 자신을 죄인이라고 생각한 삶 때문이었다. 심지어 그는 로마의 감옥에서 풀려나온 후 거의 성화 단계의 크리스천이었을 때에도 스스로 "죄인 중에 내가 괴수"(딤전1:15)라는 입장을 견지하였다. 이제 그만 얘기해도 될 법한데 언제나 그는 잊지 않았다.

우리는 너무 쉽게 잊는다. 특히 크리스천들이 하나님의 용서를 함부로 사용하고 함부로 죄 사함과 이상한 자유를 남발한다. 죄인임을 간과하게 한다. 그러므로 교회와 목사들은 조심해야 한다. 주의해야 한다.

24
하나님과 단 둘만 있는 것처럼 하나님과 산다

하나님과 단 둘만 있는 것처럼 하나님과 산다. 그 같은 삶을 사는 이들은 모든 행동과 말과 결정을 하나님께 물어보고 귀를 기울이며 산다. 그때 하나님은 어떤 형식으로든 말씀하실 것이기에 모든 것에 주의한다.

매 순간 하나님을 의식한다. 삶의 현장에 하나님의 임재를 초청하고 인지할 수 있기를 성령께 구하면서 말이다. 그때 어거스틴이 장터에서 놀며 떠드는 아이들의 소리에서 하나님의 음성을 들었던 것처럼 우리 주변의 모든 것들은 하나님이 말씀하시는 통로가 된다.

이처럼 모든 일에 임재하시는 하나님을 알고 그 음성을 인식하게 되는 그 사람에게 하나님의 나라가 임할 것이다. 사람들은 그에게서 하나님 나라를 보게 될 것이다. 또한 그를 통해 하나님이 일하시는 은혜와 축복이 되는 것은 두말할 것도 없다.

25

일상에서 하나님을 만나야 했다

하나님께로 가는 특별한 방법은 없다. 어쩌면 우리가 알고 있는 어떤 방법들은 오히려 하나님과 가까워지는 것을 가로막는 것일지도 모른다. 오히려 방법이 없는 것이 가장 좋은 방법이다. 요즈음 그런 경험을 한다.

우리가 놓친 것, 일상이 특별하다는 것, 밥을 먹고 차를 마시듯 하나님을 만나는 것. 그런데 일상에서 하나님을 간과한 것이 우리 신앙 방법의 실수였다.

특별한 경우와 특별한 자리, 요란한 예배와 설교. 그런 곳에서만 하나님을 만났던 우리가 지금의 문제를 일으킨 것이기 때문이다. 평범한 일상에서도 주님을 만났어야 하는데 말이다.

그러므로 이제 그런 일상의 신앙을 배우지 못한 채 이상한 번영과 생각에 좇아 온 시간을 돌이키고 다시 일상이 하나님을 만나는 시간으로 들어서야 한다.

26
늘 하나님을 응시해야 한다

늘 하나님을 응시해야 한다. 하나님을 잊지 않는 것만이 우리가 살 길이기 때문이다. 모든 죄는 하나님을 잊을 때 벌어진다. 그래서 하나님을 응시하는 것이 중요하다. 늘 연습해야 한다. 그러므로 지금 당장 고개를 들어 위를 쳐다보며 주님을 불러보라.

'주여, 나를 불쌍히 여기소서.'

사실 하나님은 언제나 우리를 쳐다보고 계신다. 그런 까닭에 어느 날 주님의 시선과 눈이 마주치는 순간을 만날지도 모른다. 그분이 우리의 눈을 만드셨으니까. 그래서 그랬는지 모른다. 전설처럼 베드로가 로마에서 십자가에 매달려 죽을 때 자신을 거꾸로 매달려 죽게 해달라고 한 것 말이다. 하늘을 보며, 주를 보며 주님께로 가고 싶었던 것인지도 모른다. 스데반의 마지막 모습을 기억하면서 말이다.

> "스데반이 성령 충만하여 하늘을 우러러 주목하여 하나님의 영광과 및 예수께서 하나님 우편에 서신 것을 보고"(행7:55)

27

아무리 집착해도 괜찮은 것이 있다

집착은 고통을 초래할 수 있다. 집착은 자유를 상실케 하기 때문이다. 그러므로 그것이 무엇이든 집착은 위험하다.

단 한 가지, 아무리 집착해도 괜찮은 것이 있다. 하나님을 집착하는 것이다. 하나님을 집착하면 묶일 것 같지 않지만 이상하게 자유해진다. 원래 그분이 그렇다. 그분을 사랑하며 집착해도 우리를 묶지 않으신다. 오히려 우리를 자유하게 하시기 때문이다. 진정한 진리는 원래 그렇다.

"진리를 알지니 진리가 너희를 자유롭게 하리라"(요8:32)

28
기도는 하나님께 굴복하는 것이다

기도는 하나님께 굴복하는 것이다. 이처럼 기도는 내가 살던 것을 내려놓고 하나님에게 의지하여 살겠다는 고백에서 나와야 한다.

소리를 지르는 것은 비명처럼 전적으로 하나님께 속했다는 고백이고 무릎을 꿇는 것은 완전히 하나님의 주권 아래로 들어가는 것을 의미해야 한다.

기도는 그렇게 시작되어야 한다. 내가 원하는 것을 들어주시는 '지니' 같은 존재가 하나님이 아니시다. 기도는 하나님 앞에 나를 내려놓는 것에서부터 시작해야 한다.

그렇게 나오는 우리에게 주님이 '아버지'라고 부르라고 하시니 이 얼마나 감격스러운 일인가?

"너희는 이렇게 기도하라 하늘에 계신 우리 아버지여"(마6:9)

29
내가 너를 사랑하는 것은 너이기 때문이다

사람들은 누군가 자신을 인정하고 칭찬하는 사람들을 만나면 판단력을 잃는 경우가 많다. 칭찬은 고래도 춤추게 한다는 말을 꺼내지 않아도 칭찬이 얼마나 치명적인지 알 수 있다. 실제로 아름답지 않아도 '아름답다'라는 말을 듣기만 해도 행복해지는 경험은 누구에게나 있다.

왜 그럴까? 그만큼 낮은 자존감과 열등감으로 살아온 세월이 깊다는 뜻이다. 그래서 사람들을 기웃거린다. 나도 그랬다. 그렇게 두리번거리며 살아왔다. 그런데 그 칭찬들이 위험할 수 있다. 그 칭찬들이 비진실에 기초한 가짜일 수 있기 때문이다.

어느 날 나를 직면하면서 본 것은 보잘것없고 한심한 하정완이었다. 사람들의 칭찬은 착각이거나 나의 위장 때문임을 알았다. 그것을 깨닫는 순간 나는 무한히 초라하고 비참했다. 그런데 그때 내가 들었다. 주님의 음성을 들었다.

'너는 너대로 아름답다. 내가 너를 사랑하는 것은 너이기 때문이다.'

이 말씀이 내게는 가장 강력한 칭찬이었다. 그때부터 나는 나로 진실하고 정직하게 살기로 결정했다. 사람들이 무엇이라 말하든 그것에 흔들리거나 기뻐하지 않기로 하였다. 나를 내 모습 그대로 사랑하는 하나님 때문에 말이다.

30
기도한다는 것은 멈춘다는 뜻이다

기도한다는 것은 멈춘다는 뜻이다. 내가 중심이 되어 주장하고 추구하던 것을 멈추고 하나님 앞에 서는 것이다. 그러나 우리가 살고 있는 세상에서 이처럼 멈추는 것은 퇴보처럼 느껴진다. 모두가 어떤 목적을 향해 하나같이 달려가고 있어서 더욱 그렇다.

이 같은 이유 때문에 우리는 기도마저 불필요하다 생각하게 한다. 기도하는 시간만큼 내가 사용할 시간이 사라진다고 여겨지기 때문이다. 이미 세상 시스템 덫에 걸린 것이다.

그러나 우리는 멈춰야 한다. 마치 홍해 앞에서 멈춰 서서 하나님을 바라본 것처럼 멈추는 것은 절대 의존을 말하기 때문이다. 내 뜻대로 살지 않겠다는 의지이기 때문이다. 그러므로 멈춰라. 멈춰서 하나님을 바라보며 그리고 기도하라.

그곳에 기도를 쌓아야 한다

1
절대로 죄를 끝까지 지어서는 안 된다

언제든 우리는 죄를 돌이킬 수 있다. 하나님은 언제나 우리를 용서하기 원하시기 때문이다. 그런데 잊지 말아야 할 것이 있다. 죄를 지을 수 있지만, 죄를 끝까지 지어서는 안 된다. 언제든 빨리 돌아와야 한다.

지금 내가 마음만 먹으면 그 죄에서 돌아설 수 있을 때 돌아와야 한다. 또한 지극히 개인적인 죄여서 다른 이들에게 피해를 주지 않는 죄인 경우거나, 설령 피해를 줬을지라도 그 피해자에게 용서를 구하면 용서받을 수 있는 죄, 거기까지가 우리가 짓는 죄의 한계여야 한다.

절대로 죄를 끝까지 지어서는 안 된다. 물론 그때에도 하나님은 용서하신다. 하지만 정작 문제는 우리 자신이다. 하나님의 용서를 받아들일 수 없는 존재가 될지도 모르기 때문이고, 지나친 죄가 하나님을 지나친 상태가 될 수도 있기 때문이다.

2
하나님께 너무 버릇없게 굴어서는 안 된다

가끔 너무 버릇없고 예의 없는 이들을 만난다. 세상에서는 그럴 수 있어도 교회가 그래서는 안 된다. 특히 목사나 장로는 조심해야 한다. 우리는 우리를 위해 고난을 당하시고 죽으신 그리스도 예수의 사랑으로 사는 사람들이기 때문이다.

아무리 하나님의 사랑이 무조건이며 제한이 없을지라도 언제나 부담을 갖고 살아야 한다. 하나님 앞에서는 언제나 주의해야 하고 두려워하며 감사해야 한다. 절대 버릇없이 행동해서는 안 된다.

최근에 한 목사의 버릇없는 언사를 접하면서 참 기막혔다. 정말 괘씸하다. 더욱이 하나님은 나의 아버지시고, 우리의 아버지시기 때문이다. 도대체 그 목사가 뭔데 함부로 그런 말을 하는지 도무지 용납할 수가 없다.

그런데 이처럼 어리석고 버릇없는 목사의 말을 듣고 '아멘' 하는 자들의 우매함을 어떻게 권면해야 할지 괴롭다. 아무리 말을 해도 듣지 않을 뿐 아니라 심지어 그를 예레미야처럼 여기고 있으니 어떻게 해야 할지 마음이 아프다.

'너무 버릇이 없다. 특히 목사로서 후배 목사들에게 권면한다. 하나님께 버릇없이 말하지 말고 함부로 행동하지 말고 겸비함으로 살아야 한다. 절대 버릇없는 목사가 되지 말라.'

3
그곳에 기도를 쌓아야 한다

기도할 때는 같은 시간 같은 장소에서 하는 것을 습관으로 삼는 것이 좋다. 낯섦에서 벗어나 익숙함 때문에 쉽게 기도를 시작할 수 있기 때문이다.

처음 교회를 개척하던 즈음 삼각산에 올라가 기도하던 적이 있었다. 어느 날 마음이 무겁고 괴로워서 기도를 쉬고 싶었던 날이었다. 그런 마음으로 기도하러 갔었다. 그리고 늘 기도하던 기도 장소에 앉았을 때였다. 갑자기 기도가 터져 나왔다. 이상한 일이었다.

이 같은 현상을 옛날 우리 어머니들은 그곳에 기도를 쌓았기 때문이라고 표현하였다. 하나님은 어디에나 계시지만 우리가 기도하기로 다짐했던 그곳을 하나님이 주시하고 계셨던 것이다. 기도가 쌓였다는 뜻이다.

4
내가 하나님을 그리워하며 앉아있는 것이 응답이다

구체적인 내용으로 기도하지만 어떤 내용으로도 기도하지 않는다. 그냥 하나님 아버지 앞에 앉는다. 오로지 하나님만을 바라본다. 내 안에서 속삭이는 모든 것들이 나오더라도 조용히 흘려보내고 나는 하나님만 바라본다.

바람이 느껴지고 미세한 숨결도 느껴진다. 그러다가 고요 속에 계신 하나님을 만난다.

깨닫는다. 내가 하나님을 그리워하며 거기 앉아있는 것만으로 이미 하나님은 내가 구하는 모든 것의 응답인 것을 경험한다. 나보다 먼저 거기에서 기다리신 하나님을 만난다.

5

기도는 우리의 존재 됨을 드러낸다

기도는 우리 인생의 결과를 만든다. 우리가 어떤 존재로 살게 되는지를 결정하기도 한다. 기도는 우리 영이 살아있다는 증거이고 하나님과 소통하는 존재 양식이기 때문이다. 그러므로 기도는 우리를 늘 새롭게 한다.

기도할수록 우리는 우리가 누구인지를 확인하게 되고 수많은 영적인 사람들이 살았던 그 놀라운 능력과 권위를 이해하고 경험하게 된다. 기도가 단순하지 않다는 것을 깨닫게 된다.

그때부터 기도는 단순히 우리 입에서 나오는 희망사항이나 소원을 말하는 것이 아니라 우리 존재의 정체성임을 알게 된다. 기도가 영적권위를 가진 자의 의지임도 알게 된다.

그러므로 우리 기도의 문제점은 너무 당면한 현실적인 문제에만 매달려 요청하고 소망하는 일에 집중하므로 기도를 일종의 진통제나 편의적 치료제로 오해하는 것이다.

6
너를 위해 기도하는데 내가 변한다

보통 우리의 필요 때문에 기도를 시작한다. 곤고하고 병들고 고통스러운 일이 우리를 기도하게 한다. 나의 경우도 그렇게 기도는 시작되었고 목회를 하는 까닭에 기도는 계속되었다. 지체들을 위한 기도였다.

그런데 이상한 일이 벌어졌다. 지체들을 위한 기도가 수많은 일들을 일으키고 많은 경험들을 하게 하였지만 생각하지도 못한 일이 벌어졌다. 바로 나의 변화였다. 내가 변하기 시작한 것이다. 분명 다른 이들을 위해 기도하였는데 정작 변화되는 이는 바로 나 자신이었다.

내가 기도하면 기도할수록 나의 변화는 강력하게 진행되었다. 어메이징 한 일이다. 지체들을 비롯하여 다른 이들을 위해 기도했는데 내가 변화된 것이다.

7

기도하는 사람은 언제나 아름답다

기도는 우리가 열망하는 것들에 대한 추구이다. 그 열망하는 것은 언제나 아름다움이며 더 진전된 것이고 더 성숙한 것일 수밖에 없다. 타락이나 퇴보, 파손이나 침체를 위해 기도하지 않기 때문이다.

그런 까닭에 우리의 기도는 언제나 아름다움을 추구하는 것으로 나타난다. 아름다움의 희망이 기도의 절대적 내용이 되는 이유다. 당연히 매일 우리가 기도할수록 우리가 아름답고 놀라워지는 이유이다. 그래서 언제나 기도하는 사람은 아름답다.

10 그곳에 기도를 쌓아야 한다

8
언제나 중요한 것은 문제가 아니라 하나님이시다

우리는 기도할 때 그 문제에 매달린다. 당연하다. 그 문제가 나를 지배하고 있기 때문이다. 그 순간 우리는 그 문제에 종속된다. 이때 하나님은 그 문제를 해결해주서야 하는 도구적 존재가 된다. 문제가 목적이 된 것이다.

그러나 기도는 그 문제에 집중하여 그 문제가 목적이 되는 것이 아니라 하나님에게 집중하는 것이다. 문제가 심각해질수록 하나님에게 집중해야 한다. 그때 문제가 아니라 하나님과의 관계로 전환된다.

그동안 우리는 이 비밀을 잊었다. 우리는 문제에만 너무 집중하여 하나님을 간과한 것이다. 하나님이 섭리하시고 통치하시며 이끄신다는 사실을 놓쳤다. 잊지 말아야 한다. 언제나 중요한 것은 문제가 아니라 하나님이라는 사실 말이다. 이것을 알고 있던 모세가 이스라엘에게 요청한 것은 홍해도, 애굽의 군대도 아닌 하나님을 주시하는 것이었다.

9
아름다움이 아름답게 한다

오늘 아침 한 청년이 새벽예배에 나왔다. 취직이 결정되었다면서 기도하러 나온 것이다. 행복했다. 가만히 안아주었다. 잘 됐다고 박수를 쳐서 보냈는데 그 청년의 아름다움이 내 마음에 밀려들어 왔다. 그 아름다움이 나를 아름답게 하였다.

이처럼 아름다움은 사람을 변화시킨다. 특히 감기가 전염되듯이 아름다운 사람을 만나면 아름다움이 전염된다. 아름다워지고 싶어진다. 그러므로 세상이 힘들고 퍽퍽해지는 이유는 아름다운 사람들이 사라지고 있기 때문이다.

그런데 온통 미디어는 자극적인 뉴스와 죄와 불의한 소식을 전하기에 바쁘다. 우리를 더 불편하고 힘들게 만들어간다. 더러움이 더럽게 하고 음란한 것이 음란하게 한다는 사실을 간과한다.

그래서 나를 위해서라도 가끔 지하철을 탈 때 유심히 사람들을 본다. 그러다 책을 읽고 있는 청년들을 보면 설렘이 온다. 그가 누구이든 아름다움이 느껴진다. 그런데 없다. 그런 청년들이 보이지 않는다. 다른 어떤 것보다 그것이 아쉽고 아프다.

10
한두 번 기도하고 멈출 수는 없다

기도를 했지만 의심하고 걱정하는 것은 기도가 끝났기 때문이다. 한 번 혹은 두 번을 기도한 후에 기도를 다 했다고 느끼거나 더 이상 하지 않기 때문이다. 우리가 주님의 말씀을 오해했기 때문이다. 바로 이 말씀이다.

> "또 기도할 때에 이방인과 같이 중언부언하지 말라 그들은 말을 많이 하여야 들으실 줄 생각하느니라"(마6:7)

반복하여 기도하는 것을 중언부언한다고 이해한 것이다. 그러나 이 말씀의 정확한 뜻은 '영혼 없는 빈말을 반복하는 것'을 말한다. 오히려 우리는 같은 내용의 기도를 거듭할 수 있다. 왜냐하면 그것은 우리의 간절함과 애절함의 표시이기 때문이다. 당연히 주님도 반복해서 같은 기도를 하셨다. 겟세마네 동산에 제자들과 함께 올라가 기도할 때 주님은 세 번 같은 내용의 기도를 반복하셨다.

> "내 아버지여 만일 할 만하시거든 이 잔을 내게서 지나가게 하옵소서 그러나 나의 원대로 마시옵고 아버지의 원대로 하옵소서 하시고... 또 그들을 두시고 나아가 세 번째 같은 말씀으로 기도하신 후"(마26:39,44)

사실 정말 중요하고 간절하고 아픈 마음을 한두 번 기도하고 멈출 수는 없다. 도무지 우리 내면이 그 정도로 끝나게 두지 않는다. 간절하기 때문이다.

11
기도는 하나님을 향한 그리움에서 나와야 한다

기도는 마음이 중요하다. 기도의 방향이 자기 연민과 사랑에 기초한다면 이미 그 기도는 방향을 잃은 이기적인 욕망일 수 있기 때문이다.

'내 마음은 온전히(fully) 하나님을 향하고 있는가?'

기도는 하나님을 향한 그리움에서 나와야 한다. 그때 우리는 모든 순간이 기도의 순간으로 변하는 것을 경험할 것이다. 낙엽이 떨어지는 것만 보고도 우는 소녀의 감성처럼 우리는 모든 순간 우리와 함께하시는 하나님을 경험하므로 감격할 것이다.

그런데 가능할까? 우리 마음은 너무 많이 훼손되어 있다. 우리 마음은 다른 잡다한 욕망들과 죄의 생각들로 가득 찬 까닭에 하나님을 향하기가 쉽지 않다. 그러므로 구체적으로 무엇을 기도하는 것도 중요하지만 우선 마음을 정결케 하는 자기부정의 수련이 필요하다. 먼저 마음부터 시작하여야 한다. 말(입)이 중요한 것이 아니라 마음이 먼저이다.

> "이 백성이 입술로는 나를 공경하되 마음은 내게서 멀도다
> (far from me)"(마15:8)

빛이 선명해질 때 더욱 나의 어둠을 주의해야 한다

빛이 선명해진다는 것은 그만큼 구원의 확신이 선명해진다는 뜻이다. 그때 우리 안에서 슬그머니 올라오는 것이 있는데 어떤 이상한 확신이다. 자유함이다. 그때가 위험하다. 우리는 여전히 먼지와 같은 존재, 죄인인데 그것을 잊게 만든다. 순간 자신이 무엇이 된 것 같은 착각에 사로잡힌다.

가이사랴 빌립보에서 베드로의 고백에 대한 주님의 칭찬은 대단했다. 그는 다른 어떤 제자들보다 과한 축복의 말씀을 듣는다. 빛이 선명해졌다. 동시에 베드로 안에서 무엇인가 다른 것이 슬그머니 올라왔다. 주님으로부터 '사단아 내 뒤로 물러가라'라는 소리를 들을 때까지 모른다.

빛이 선명해질수록, 하나님께로 가까이 갈수록, 우리가 어둠에 있었다는 것, 죄인이었다는 사실을 기억해야 한다. 바울이 그 말년까지 믿음을 유지하고 선명하게 빛을 내며 걸어갈 수 있었던 것은 스스로 '죄인의 괴수'라는 인식이 정확했기 때문이다. 그러므로 무엇이 된 적도 이룬 적도 없다고 고백한 것은 진실이었다. 바울은 그렇게 늘 자신을 주의했다. 우리가 놓친 내용이다.

그러므로 빛이 선명해질 때 더욱 나의 어둠을 주의해야 한다.

13
완전한 고독과 완전한 정직으로 기도해야 한다

침묵이 무엇이고 그것이 하나님께 드리는 기도와 어떤 관계가 있는지를 주님은 말씀하셨다.

> "너는 기도할 때에 네 골방에 들어가 문을 닫고 은밀한 중에 계신 네 아버지께 기도하라"(마6:6)

"문을 닫고", 완전한 고독을 말한다. 누구의 시선도 신경 쓸 것 없는 상태, 내 안에 모든 생각과 말과 심지어 느낌이나 감정까지 모두 다 정직하게 하나님의 존재 앞에 내어놓을 수 있는 상태를 말한다.

"은밀한 중에", 완전한 정직을 말한다. 사실 우리는 정직하지 않다. 우리의 외적인 모습과 달리 우리 안에서 나오는 생각들, 모든 욕망들은 감춰져 있다. 언제나 어떤 모습을 가지고 밖으로 뛰쳐나올지 자신도 모른다.

그러므로 '완전한 고독과 완전한 정직'의 상태, 이것이 기도할 준비가 된 상태이다. 자기가 하고 싶은 모든 말과 욕망을 마구 쏟아대고 그것을 이루기 위해 극단적인 어떤 결정을 내리는 것, 심지어 하나님께 협박(?)하는 것과 같은 것이 온전한 기도가 아니라는 말이다.

14

하나님은 우리가 당신을 찾기를 원하신다

하나님은 우리가 당신을 찾기를 원하신다. 그래서 하나님은 여러 루트로 당신을 드러내셨다. 무엇보다 스스로 사람이 되어 이 땅에 오셨다. 우리가 예수 그리스도를 만남으로 하나님을 만나는 이유이다.

"나를 본 자는 아버지를 보았거늘 어찌하여 아버지를 보이라 하느냐"(요14:9)

또한 하나님은 성경 말씀 속에 자신을 계시하셨다. 우리가 말씀을 통하여 주님의 음성을 들으며 하나님을 만나는 이유이다.

"태초에 말씀이 계시니라 이 말씀이 하나님과 함께 계셨으니 이 말씀은 곧 하나님이시니라"(요1:1)

더불어 하나님은 당신이 만드신 모든 피조물 속에 자신을 계시하신다. 우리 만물 속에서 하나님을 발견할 수 있는 이유이다.

"창세로부터 그의 보이지 아니하는 것들 곧 그의 영원하신 능력과 신성이 그가 만드신 만물에 분명히 보여 알려졌나니"(롬1:20)

그러므로 우리에게 필요한 것은 주의하는 것이다. 어디에나 하나님은 계시기에. '아, 주님 거기 계셨군요.'

15

단 하루도 똑같은 날이 없다

나에게 똑같은 날이 없었다는 것을 알았다. 똑같은 매일이었지만, 언제나 새롭다는 것을 느꼈다. 늘 새롭게 하시는 주님이 계심을 경험한 후부터였다.

아침 새벽기도를 가는 동안 내리는 비를 느끼면서 모든 것을 새롭게 하시는 하나님의 마음을 느낄 수 있었고, 목청을 높여 기도하는 동안 하나님의 위로를 경험했다. 그리고 아이를 낳은 자매를 위해, 고통 가운데 있는 지체를 위해 기도할 때 하나님의 가슴이 느껴졌다.

"보라 내가 만물을 새롭게 하노라 하시고 또 이르시되 이 말은 신실하고 참되니 기록하라"(계21:5)

매일 새롭다. 매일 새롭게 하시는 하나님, 지금도 내 곁에 와 계셔서 나를 만지시고 속삭이신다. 그때마다 나는 새로워진다. 단 하루도 내게는 똑같은 날이 없다.

16
하나님만이 거하시는 공간이 있다

우리 내면에는 오로지 하나님만이 거하시는 공간이 있다. 그 외의 어떤 것도 거해서는 안 되는 공간이다.

> "너희는 너희가 하나님의 성전인 것과 하나님의 성령이 너희 안에 계시는 것을 알지 못하느냐"(고전3:16)

그런데 하나님이 계신 우리 안에 더러운 쓰레기와 음란하고 죄 된 것들을 잔뜩 쉬지 않고 집어넣고 있지는 않은지 생각해야 한다. 물론 그래도 떠나지 않으신다고 호세아 선지자를 통해 말씀하셨다.

> "너는 다시 가서, 다른 남자의 사랑을 받고 음녀가 된 그 여인을 사랑하여라. 이스라엘 자손이 다른 신들에게로 돌아가서 건포도를 넣은 빵을 좋아하더라도, 나 주가 그들을 사랑하는 것처럼 너도 그 여인을 사랑하여라!"(새번역/호3:1)

아, 얼마나 아픈 일인가? 우리 안에는 우리를 창조하신 하나님만이 거하시는 공간(the inmost place)이 있다. 오로지 하나님만이 그곳의 주인이셔야 한다. 반드시 그래야 한다.

17
하나님은 언제나 준비되어 계시다

하나님은 언제나 어디서나 우리를 만날 준비가 되어 있으시다. 그분은 어디에나 충만하시기 때문이다. 그곳이 우상을 섬기던 기브온 산당이든지, 험한 산속이나 깊은 골짜기든지, 시장 바닥이든 도시의 골목이든, 심지어 사창가라 할지라도 하나님은 계시다.

그러므로 더러움을 행하는 자들은 속히 회개해야 하고 약하고 고통받는 자들은 하나님의 얼굴을 구해야 한다. 하나님이 거기 충만하시기 때문이다.

그날이 언제인지 기다릴 필요가 없다. 오늘 지금이 이미 바로 그날이기 때문이다. 그러므로 지금 당장 버리고 다시 시작하라. 그것이 지혜로운 것이다. 그렇게 하나님과 깊이 동행하라.

"보라 지금은 은혜 받을 만한 때요 보라 지금은 구원의 날이로다"(고후6:2)

18
기도를 멈출 수 없는 것이 자연스러운 일이다

지속적으로 끊임없이 주님을 바라보는 것이 온전한 기도다. 그러므로 완벽한 기도는 예배당에서만 하는 기도가 아니라 쉬지 않고(KJV/without ceasing), 계속해서(BEE/keep on), 결코 멈추지 않고(NRSV/Never stop praying), 지속적으로(RSV/constantly), 그리고 끊임없이(NIV/continually) 기도하는 것이다.

"쉬지 말고 기도하라"(살전5:17)

우리는 여러 가지 요인들에 의해 기도를 잠시 쉬거나 멈춘다. 그것은 그동안 기도를 일방적으로 해왔다는 것을 스스로 인정하는 것이다. 하지만 온전한 기도에 이르면 내가 기도를 멈춘다고 해서 멈춰지는 것이 아니다.

기도는 멈출 수가 없다. 그리고 모든 상황이 기도가 된다. 모든 상황에 임재하시는 하나님을 경험한다. 하나님의 속삭임에 대답한다. 기도가 호흡이 된다. 멈출 수 없는 이유다.

19

하나님께 조용히 속삭여도 분명히 들으신다

우리는 기도할 때 항상 부르짖어야 한다는 어떤 강박관념이 있다. 하지만 우리가 일반적으로 알듯 하나님이 어디에나 계시며 우리의 신음 소리까지 듣고 계심을 인정한다면 어떤 방법의 기도든지 가능한 것을 알 수 있다.

그러므로 속삭이듯 혼자 드려도 분명히 하나님이 들으시는 기도다. 이 기도의 모습이 혼자 무엇인가를 말하는 것이어서 중얼거림처럼 보일 수 있지만 정확하게 방향성이 하나님에게로 정해졌다면 두말할 것도 없이 아름다운 기도다.

그런 까닭에 하나님이 이스라엘을 애굽에서 이끌어 내고자 하신 이유는 이스라엘 자손이 내는 신음 소리를 듣고 반응하신 것이었다. 신음 소리, 이것은 정확하게 혼잣말이었다. 혼자 중얼거리듯 속삭이는 소리였다. 그런데 하나님이 들으신 것이다.

"이제 애굽 사람이 종으로 삼은 이스라엘 자손의 신음 소리를 내가 듣고 나의 언약을 기억하노라"(출6:5)

20
사랑이 기도다

"기도란 실재를 꾸준한 사랑스러운 눈길로 바라보는 것이다."
(발터 부르그하트)

사랑하는 것이다. 하나님을 사랑하는 것, 그것이 기도의 시작이다. 당연히 하나님이 우리를 사랑하신 것에 대한 우리의 반응으로 사랑이 기도이기 때문이다.

그러므로 기도의 깊이에서 우리는 무엇을 더 구하는 것이 아니라 오로지 하나님을 구하는 단계에 들어선다. 그분을 생각하는 것만으로도 충분한 은혜를 누리기 때문이다.

무엇이 이루어지고 이루어지지 않는 것은 이차적이 된다. 하나님을 보는 것, 한순간도 놓치지 않고 연인을 쳐다보듯이 보는 것, 주님으로 모든 것이 충분하다는 고백에 이르게 된다. 사랑이 기도이기 때문이다.

21
자신의 뜻을 말하는 기도도 중요하다

우리가 하나님의 뜻을 알고 기도하는 것은 중요하다. 하지만 시편을 보면 그렇지만도 않은, 약간 이상한 기도를 만나게 된다. 하나님을 원망하거나 혹은 자신의 요구를 강력하게 요청하는 기도, 곧 자신의 뜻을 말하는 기도들이다.

표현이 그래서 그렇지만 '자신의 뜻을 말하는 기도'는 솔직한 기도 곧 정직한 기도를 말한다. 그것이 우리 내면의 상태라면 정직한 것이다. 그리고 무엇보다 하나님은 우리의 중심을 보시니까 그 같은 우리의 기도에도 어떤 형태로든 응답하실 것이다.

기도는 형식이 중요한 것이 아니라 내용이 중요하고 그 내용의 진정성은 무엇보다 중요하다. 그러므로 정확하고 정직하게 자신을 드러내고 말하는 것은 나쁜 것이 아니다. 미성숙한 것일 수는 있지만 부정직하거나 거짓 혹은 위선적 기도는 아니기 때문이다.

무엇보다 가장 중요한 것은 기도를 하는 것이다. 그 기도의 내용이 미성숙할지라도 기도가 중요하다. 동시에 말씀 묵상을 통하여 하나님의 뜻을 헤아리는 시간을 가져야 하며 그렇게 매일 수도적 삶을 살아가는 것이 중요하다. 그러던 어느 날 우리 기도는 달라지기 시작한다. 어느 순간 하나님의 뜻을 좇아 기도하고 있는 것을 발견하게 될 것이다. 그러므로 그때까지 기도하라. 그러나 정직하고 솔직하게 기도하라. 그리고 수련을 멈추지 말고 성숙에 이르기를 추구하라.

22

희미해진 기독교가 된 이유가 있다

청빈은 아름답다. 마태복음은 '마음이 가난한 자는 복이 있다'라고 표현했지만 정말 마음만 가난한 것이 아니라 실제로 가난한 자는 복이 있다는 측면이 있음을 누가복음은 설명한다.

> "너희 가난한 자는 복이 있나니 하나님의 나라가 너희 것임이요"(눅6:20)

이 말씀의 의미는 실제로 부요하지만 가난한 삶을 사는 삶을 말한다. 사실 원래 기독교의 아름다움은 '나의 가난함으로 너를 부요하게 하는 것'에 있다. 내가 죽음으로 네가 살고(예수 그리스도) 내가 사라짐으로 그분이 드러나는(세례 요한) 것이 기독교의 원래 모습이다.

그런데 희미해졌다. 거꾸로 되었다. 부요를 자신이 다 갖는 것, 권력을 내가 다 누리고 모든 영광을 내가 다 얻는 것이 하나님의 축복이라는 메시지를 슬그머니 던지고 만끽하는 이상한 목회자들이 등장했기 때문이다. 그것의 극단이 이단이다.

23
하나님께 가까이 갈수록 죄는 더 분명히 보인다

하나님께 가까이 갈수록 우리의 죄는 더 분명히 보인다. 마치 빛으로 나아갈수록 더러움이 보이는 것과 같다. 그래서 바울은 더 가까이 주님께로 갔음이 분명하다. 말년에 쓴 디모데전서에서 자신을 '죄인의 괴수'라고 불렀다. 하나님께 가까이 갈수록 자신의 악함을 더 선명하게 본 것이다.

왜 이런 일이 벌어지는 것일까? 우리가 예수를 믿음으로 죄로부터 놓임 받은 것은 칭의적 사건이지 실제로 죄가 우리에게서 완전히 떨어진 것이 아니다. 그러므로 그리스도 안에서만 우리는 의인이며, 그리스도 밖에 어느 누구도 의인일 수 없기 때문이다. 마틴 루터가 우리를 '의인이면서 동시에 죄인'(simul justus et peccator)이라고 말한 이유다.

그래서 사람들은 하나님께 가까이 가기를 두려워한다. 더 열심히 주님을 믿는 것을 회피한다. 자신의 죄악 된 모습이 더 보이기 때문이다. 하지만 하나님께로 가까이 갈수록 우리의 죄가 보이는 것은 당연한 현상이고 이제야 제대로 믿음에 들어서고 있는 상태임을 잊지 말아야 한다.

24

침묵은 귀를 여는 수련이다

쉴 틈도 없이 자신의 말을 꺼내고 자신의 말을 다하고 나면 입을 다무는 것이 이 세상의 삶이 방법이 된 것에는 이유가 있다. 무시당하고 버림받지 않으려는 자기방어적 태도 때문이지만 그러는 사이에 하나님과의 관계도 그리 설정하고만 것이다.

그러다 어느 날부터인가 우리는 말만 하는 존재가 되었고 인정하는 소리만 골라 듣는 이기적 청취자가 되고 말았다. 이런 삶에 익숙해진 사람이 사람의 말도 듣지 않는데 하물며 하나님의 음성을 들을 수가 있겠는가?

그러므로 침묵은 듣기 위함이다. 침묵은 입을 다무는 수련이 아니라 귀를 여는 수련이다. 비록 시작을 입을 다무는 것으로 시작하지만 목적은 듣는 것이다.

25
사랑이 영원하다면 사랑하는 대상이 영원하기 때문이다

사람은 사랑으로 충분하지 않다. 특히 사랑이 단순히 감정의 영역이거나 육체적이라면 더욱 그렇다. 그것이 불같이 타올라 모든 것을 사로잡을 때는 전부인 것처럼 느껴지지만 육체는 곧 사라지기 때문이다.

그런 까닭에 감정에 기초한 사람에 대한 사랑은 어느 날 유한하고 내가 전적으로 의존할만한 존재가 되지 못한다는 사실을 아는 순간 무너진다. 그래서 사랑은 영원하지 않다.

하지만 사랑이 영원하다면 그것은 사랑하는 대상이 영원하기 때문이다. 영원하신 하나님이 우리를 사랑하시기 때문에 우리의 사랑이 영원해지는 것이다.

"사랑은 결코 없어지지 않습니다. 그러나 예언도 없어지고 방언도 그치고 지식도 사라질 것입니다."(현대인의성경/고전13:8)

26
자기의 죄를 보는 것은 아름답다

자기의 죄를 보는 것은 아름답다. 바울이 우리가 알고 있는 바울로 살 수 있었던 것은 로마서를 쓸 때 고백한 것처럼 자신의 내면의 죄를 보고 있었기 때문이고, 디모데전서를 쓸 때 고백한 것처럼 죄의 극치 (죄인의 괴수)에 이른 존재임을 보고 있었기 때문이다.

진실로 죄인의 위험은 자신의 죄를 보지 못하기 때문이다. 그래서 회개가 힘들고 어렵다. 심지어 죄를 느끼지도 못하니까.

왜 죄를 보는 것이 아름다운 것인가? 그때 하나님의 사랑과 그리스도의 놀라운 구속사건을 깨닫기 때문이다. 그리스도가 기뻐진다. 그 놀라운 사랑만으로 충분하다는 것을 아는 존재가 되기 때문이다. 바로 이것이 복음이다.

그렇다면 어떻게 자기의 죄를 보는가? 그 방법 중의 하나인 침묵을 주의해 보라.

27
죄에 익숙한 것은 하나님께 익숙하지 않기 때문이다

우리의 착각 중에 하나는 우리가 스스로 죄를 멀리하고 죄를 이길 수 있다고 여기는 것이다. 사실은 그렇지 않다. 그렇다면 왜 그런가? 그것은 죄를 오해하기 때문이다. 심지어 자신이 저지르는 죄가 무엇인지도 모르기 때문이다.

그런 모습은 교회와 많은 크리스천들 사이에서 흔히 볼 수 있는 어떤 죄들(돈, 권력, 성적인 문제 등)에 대한 관용적 태도를 보면 알 수 있다. 죄에 무뎌진 것이다.

우리는 스스로 죄를 인식하여 심각하게 여기고 회개하는 것에 익숙한 존재가 아니다. 그러므로 죄를 회개하는 것과 함께 더 하나님을 알아가는 것이 중요하다. 하나님을 알면 알수록 우리를 향한 사랑의 깊이와 경륜을 알게 되고 십자가가 보인다. 그때 죄를 멀리하고 싶어진다.

그러므로 우리가 죄에 노출되어 죄에 익숙한 것은 하나님께 익숙하지 않기 때문이다. 하나님과 가깝지 않기 때문이다. 쉽게 말해서 사랑하지 않기 때문이다.

28
죄를 지으면서라도 주님께 나아가야 한다

죄는 두렵고 위험한 것이지만 하나님을 방해하지 못한다. 하나님은 언제나 우리에게 오실 수 있다. 주님께서도 같은 말씀을 하셨다.

"나는 의인을 부르러 온 것이 아니요 죄인을 부르러 왔노라"(막2:17)

사단의 공격은 기만과 사기 그리고 왜곡이란 방법을 쓴다. 우리 죄 때문에 우리를 사랑하지 않는다는 메시지를 속삭인다. 사실이 아니다. 사람들이 본 주님의 모습은 "세리와 죄인의 친구"(눅7:34)셨다. 죄 때문에 멀리하신 것이 아니라 죄 때문에 더 가까이하신 것이다.

우리에게 필요한 것은 죄인이라도, 죄를 지으면서라도 주님께 나아가는 것이다. 우리가 우리 죄를 해결하지 못하는 것을 주님은 아시기 때문이고 그의 십자가 죽음으로 우리 죄를 먼저 해결하셨기 때문이다. 그러므로 주님께 나아가는 것이 회개이고 죄사함의 시작이라는 것을 잊지 말아야 한다.

"오너라. 우리 허심 탄회하게 이야기해 보자. 너희 죄가 주홍 같을 지라도 눈과 같이 희게 될 것이며 진홍같이 붉을지라도 양털처럼 될 것이다."(현대인의성경/사1:18)

29

죄는 죄라고 인정하면 된다

죄는 죄다. 죄가 드러나면 그 죄에 집중해야 한다. 정직해야 한다. 그동안 내가 해왔던 것들을 가지고 그 죄를 덮으려 하거나 간과하려 해서는 안 된다. 그 순간 그동안 해왔던 모든 것들이 훼손되고 그 진정성은 의심받기 때문이다.

죄는 죄라고 인정해야 한다. 그로 인해 파생된 모든 잘못을 받아들이고 모두 다 돌려놔야 하며, 할 수 없다면 그 죄 값을 치러야 한다. 그래야 그동안 해왔던 운동은 다시 제자리를 찾을 수 있기 때문이다.

교회도 마찬가지고 목사도 마찬가지다. 하나님이 우리에게 맡겨주신 사역이 중요한가? 아니면 우리 자신이 중요한가? 나를 살리는 것이 중요한가? 복음이 훼손되지 않는 것이 중요한가?

복음이 훼손되어서는 안 된다. 자신을 살리려고 복음을 가리거나 훼손하는 일을 벌여서는 절대 안 된다. 그때 그 존재 의미도 부정되기 때문이다.

30

어두움을 깊은 곳에 밀어 넣는 것은 잘못이다

우리가 흔히 범하는 잘못 중의 하나는 죄로 인한 어두움이 드러날 때 그 어두움을 부정하고 무시하거나 감추는 것이다. 그것을 내면 깊은 곳에 밀어 넣어 버린다. 망각하고 잊는 것이다. 그리고 해결된 줄로 착각한다.

그러나 내면 깊은 곳에 들어앉은 어두움은 우리를 어두움의 기운으로 이끄는 역할을 한다. 슬그머니 그 어두움은 우리의 말과 행동과 생각 등 모든 영역에서 스스로 움직인다. 이미 우리 무의식에 들어와 우리 자신이 된 것이다.

사실 그냥 내버려 두는 것은 무책임한 것이다. 어떻게 자기 자신을 그렇게 방임할 수 있는가? 어느 날 괴물로 변한 것을 보게 될 것이다. 그때 돌아서는 것은 힘들다.

그렇다면 어떻게 해야 하는가? 그 어두움을 인정하고 빛 앞으로 나올 것인가 아니면 계속 감출 것인가 하는 것이 남아있을 뿐이다. 그 같은 수도적 삶을 살 의향이 있고 시도할 마음이 있느냐 하는 것이다.

31
내 안의 그림자를 무시해서는 안 된다

내 안의 그림자를 무시해서는 안 된다. 사실 그 그림자는 에너지의 근원이다. 예를 들어 욕을 하고 더러운 행위를 할 때 우리는 우리 안에 있는 놀라운 에너지를 발견한다.

그런 까닭에 악은 강하다. 악은 윤기가 난다. 심지어 불륜을 범할 때 나이가 들었든, 사회적으로 무기력하든 갑자기 역동적이 되는 것을 우리는 보지 않는가?

세상이 더 악해져 가는 것은 이 같은 에너지와 힘을 갖고 싶어 하기 때문이다. 탐욕할수록 우리는 이상한 힘을 경험하니까 그렇다. 그러므로 악을 제할수록 우리는 무력한 것처럼 보이고 에너지가 사라지는 것처럼 느낄 수 있다. 그래서 악과 더러움을 드러내던 욕망을 감춘 채 예수를 믿을 수 있는데, 그때 위험이 드러나는 것이다.

잊지 말아야 할 것이 있다. 그림자가 오히려 진정성 있는 바로 나 자신이라는 사실이다. 그러므로 그 나를 무시하거나 간과해서는 안 된다. 오히려 그 모습을 직시하고 죄와 분리하는 작업이 필요할 뿐이다. 그 에너지도 우리가 사용해야 할 바로 나 자신이기 때문이다.

우리는 하나님을 기다리지 않는다

1

마음이 더러워진 사람이 너무 많다

하나님과 가까워져야 우리는 우리 마음을 볼 수 있다. 또한 우리 마음을 회복시키실 수 있다. 하나님께서 만지시기 때문이다.

"여호와여 나를 살피시고 시험하사 내 뜻과 내 양심을 단련하소서"(시26:2)

하지만 사람들은 자신의 의지로 자신의 마음을 충분히 다스릴 수 있다고 믿는다. 자신의 마음의 깊이를 제대로 알지도 못하며, 그 변화 무쌍한 변화와 강력함을 이해하지도 못한 채 말이다. 그 같은 사실을 안 하나님의 사람들은 마음에 하나님의 말씀을 의도적으로 두는 노력을 기울였다.

"내가 주께 범죄하지 아니하려 하여 주의 말씀을 내 마음에 두었나이다"(시119:11)

요즈음 세상을 보면 자기 마음을 다스리지 못할 뿐 아니라 어느 사이엔가 거짓과 위선으로 말을 하고 행동해도 전혀 죄책감을 느끼지 못할 만큼 영악해진 위선 된 사람들을 본다. 그들 중에는 크리스천도 있고 심지어 목사도 있다. 비신앙인은 두말할 것도 없다. 그런데 의지도 없다. 하나님으로만 다시 새로워질 수 있는데 그런 의지도 없어 보인다.

2
기도할 수 있는 자들은 일어나 기도하라

기도할 수 있는 것은 능력이다. 기도를 요청하지 않아도 기도하는 사람은 기도한다. 이처럼 기도자는 주님의 마음을 아는 사람이고 그에게 기도는 매우 자연스러운 일이기 때문이다.

그러므로 '기도하자'라고 말하면 그들은 기도한다. 그렇지 않아도 이 세상의 위기와 사람의 어려움 앞에서 스스로 기도한다. 내가 요청하기 전에 이미 하나님이 시키셨기 때문이다. 그래서 기도하지 않으면 견딜 수 없어 한다.

기도해야 밥이 먹히고 기도해야 평화가 온다. 그것은 도무지 평화할 수 없는 상황에서 오로지 하나님이 주시는 평화를 만난다는 뜻이다. 초월을 경험하기 때문이다.

기도자, 아무런 조건 없이 오로지 기도하는 사람이 필요하다. 그러므로 기도할 수 있는 자들은 일어나 기도하라!

3

멈추지 못하는 것이 문제다

멈추지 못하는 것이 문제다. 이유는 있다. 멈추지 않고 끊임없이 일하는 당신은 아름답다고 속삭이기 때문이다. 더 부요하고 더 힘이 세지고 더 많은 것을 갖는 것이 성공이고 목표라고 세뇌시켰기 때문이다.

그 결과일 것이다. 사람들은 어느 날부터인가 작은 것 혹은 사소해 보이는 것의 아름다움과 행복을 놓쳤다. 그러고 보니 내가 물 한 잔의 행복과 사랑하는 사람과의 식사의 아름다움을 발견한 것은 위암 수술 이후 그 모든 것을 잠시 동안이지만 할 수 없었기 때문이다.

이미 거대한 수레바퀴처럼 세상은 굴러가고 있다. 멈추는 것은 불가능해 보인다. 그 순간 거짓과 불의, 위선과 속임수 심지어 협박과 살육까지 자행하는 세상이 되었다. 멈추는 것이 불가능한 사람들이 이 세상에 가득해졌기 때문이다. 모든 걸림돌과 방해물은 없애야 하니까.

오늘 걸어가다가 일을 하다가 멈춰보라. 빠른 걸음을 멈추고 천천히 팔짱을 끼고 걸어보라. 갑자기 모든 것을 내려놓고 눈을 감거나 하늘을 쳐다보라. 멈춰보라. 놀랍게도 이상하고도 새로운 세상을 만나게 될 것이다. 주님과 곁에서 걷고 계신 것을 깨닫게 될지도 모른다.

4
우리가 사람임을 기억해야 한다

아담과 하와 범죄의 핵심은 자기 존재를 과대평가한 것에 있다. '하나님과 같이 되고 싶다'라는 것은 자기를 지나치게 사랑한 것의 결과였다.

스스로 자신을 충분히 높였다. 그런데 사실은 아니다. 아무리 자신을 높이고 하나님처럼 생각해도 스스로 도무지 존재할 수 없다. 배고프고 아프며 슬프고 괴롭다. 완전한 기쁨과 즐거움이 존재하지 않는다.

그 같은 인간에게 하나님은 아무리 높아지고 높아져도 절대 그럴 수 없는 존재라는 것을 '죽음'을 통해 가르쳐주셨다. 결국 아무리 자기를 과대평가하고 사랑하고 높여도 유한한 존재라는 사실이다.

현대인들은 다시 선악과를 따먹은 아담과 하와의 뒤를 좇고 있다. 자기 사랑과 자기 권위, 모든 부와 모든 권력을 갖기 위한 전쟁의 병사들로 살고 있다. 더욱이 다른 길이 없는 것처럼 세상은 가르친다.

하지만 기억해야 한다. 우리는 사람이다. 하나님으로부터 나온 존재이다. 하나님을 떠나서는 아무것도 아니다. 그것이 사실이다. 그러므로 우리 인생의 새로움은 바로 그 같은 인식에서 시작할 때 비롯되는 것을 잊어서는 안 된다.

5

진정한 쉼은 하나님 안에서만 온전하다

우리는 쉬지 못하고 살아왔다. 그래서 늘 피곤하다. 왜 그런가? 가장 큰 이유는 이 세상의 빠른 흐름을 좇아 살기 때문이다. 멈출 틈이 없어서 그렇다. 모든 삶은 시리즈처럼 이어져가는 까닭에 멈추면 쉬기에 급급하고 또 그렇게 하는 것이 자신을 위로하는 것이라고 생각한다. 우리가 늘 말하는 내면의 메시지다.

'나에게는 휴가가 필요해.'

그래서 기회만 나면 자신에게 휴가를 주는데, 그 휴가라는 것도 양질의 것이 아니다. 또 다른 형태의 세상 조류에 편승한 쾌락, 놀이 혹은 게임이라는 또 다른 종류의 위장된 일인 경우가 대부분이다. 언제나 휴가 후 더 큰 피곤을 느끼는 이유이다.

진정한 휴가, 쉼은 하나님 안에서만 온전하다. 어거스틴이 이 사실을 알고 이렇게 고백했다.

> "당신은 우리를 당신을 향해서(ad te) 살도록 창조하셨으므로 우리 마음이 당신 안에서 쉴 때까지는 편안하지 않습니다."(성 어거스틴, 성어거스틴의 고백록, 대한기독교서회, 1.1.1)

6
버리는 것이 시작이어야 한다

버리는 것이 시작이어야 한다. 주님이 이 세상에 오셔서 외친 첫 번째 말씀이셨다. '회개하라!' 버리는 것이었다. 버리는 것이 크리스천 됨의 초청이었고 교회의 시작이었다. 그런데 어느 날 버리는 것을 멈췄다. 연민이 생긴 것이다. 자기를 버리다 보면 나를 잃을 것 같은 느낌이 들었는지도 모른다.

그때부터 우리는, 교회는 버리지 않는 것은 물론이고 덕지덕지 무엇인가를 붙이기 시작했다. 나를 포장하고 나를 과장하고 과시하기 시작했고 무조건 긍정하였다. 그 순간 놀랍게도 주님의 첫 번째 메시지인 '회개'를 잃어버렸다. 독선적이고 고집 세고 이기적 욕망으로 가득 찬 괴물이 되고 말았다. 요즈음 보는 것처럼 교회는 절대 회개하지 않고 목사와 크리스천은 자기주장에 꽉 막힌 오만함이 되었다. 가장 회개할 수 없는 존재가 된 것이다.

버려야 한다. 지금 모든 부유와 권력과 번영을 버리고 예수의 길, 자기 부정의 길로 들어가야 한다. 거기서부터 시작해야 한다. 회개 없이 그 어떤 것도 시작해서는 안 된다. 무조건 긍정으로 덮어놓고 시작해서도 안 된다. 먼저 버려야 한다. 먼저 회개해야 한다.

7
먼지일 때 죄를 치워야 한다

우리는 먼지를 우습게 여긴다. 하지만 먼지도 오랫동안 방치하면 쌓이고 눌어붙어 딱딱하고 견고한 더러움이 된다.

사실 그냥 먼지일 때는 진공청소기로도 얼마든지 가볍게, 티슈로도 얼마든지 치울 수 있지만 눌어붙어 구석 틈새까지 들어서게 되면 많은 노력을 기울여야 제거할 수 있다.

죄도 그렇다. 우리가 해결할 수 있는 죄일 때 그 죄를 해결해야 한다. 눌어붙은 후 우리는 많은 노력을 기울여야 한다. 덕지덕지 붙은 그 죄를 벗겨내는 것이 힘들어질 수밖에 없다.

그러므로 먼지일 때, 아직 마음만 먹으면 멈출 수 있을 때 그때 처리하는 것이 중요하다. 더 깊어지기 전에, 더 악화되어 손 쓸 수 없을 때가 오기 전에 지금 먼지를 치워야 한다. 죄를 치워야 한다. 어느 날 더 이상 어찌해 볼 수 없는 날, 하나님으로부터 떨어지는 순간이(히 3:12) 올지도 모르기 때문이다.

8
우리 안의 괴물이 점점 성장하고 있다

우리는 우리 자신을 모른다. 그러다가 우연히 누군가를 보거나 어떤 영상을 보다가 자신의 모습이 순간 보일 때가 있다. 너무 같은 모습에 깜짝 놀란다. 자신이 아니라고 생각하고 덮어둔다. 그런데 그것이 바로 나다.

바로 그때 그것을 인식하고 그것에서 벗어나야 한다. 혹은 기억하고 있다가 반드시 해결해야 한다. 그런데 하지 못할 확률이 더 높다. 자신을 부정하거나 자아를 죽이는 방법을 모르기 때문이다. 그래서 방임한다.

그러나 바울은 그것 때문에 고민했다. 자신 안에 있는 괴물로 인한 고통을 견딜 수 없었다. 그래서 그는 아예 매일 자신을 죽이는 삶을 살았다. 그것이 그의 자랑이었다.

"형제들아 내가 그리스도 예수 우리 주 안에서 가진 바 너희에 대한 나의 자랑을 두고 단언하노니 나는 날마다 죽노라"(고전15:31)

우리는 괴물같이 형성된 우리 안의 또 다른 나를 죽이는 법을 모른다. 그러는 사이에 그 괴물이 점점 성장하고 있다. 경계선도 없이 말이다.

9
우리는 하나님을 기다리지 않는다

우리는 하나님을 기다리지 않는다. 오히려 하나님을 강요한다. 나의 뜻에 따라 움직이기를 원한다. "하나님, 꼼짝 마! 하나님, 하나님 까불면 나한테 죽어"라고 말하는 목사가 나와도 그럴 수 있다고 생각한다. 심지어 부러워하는 이도 있다. 내가 하나님을 압박해도 될만한 존재가 되고 싶어 하는 까닭이다.

이 같은 생각이 지배하고 있는 크리스천들은 하나님을 기다리지 않는다. 내가 앞서서 나아가 내가 결정하고 하나님은 추인해 주기만을 원한다. 내 뜻이 하나님의 뜻이라고 생각한다.

그래서 더 세게 기도하고 자극적으로 기도한다. 하나님을 감동시키고 압박시키려고 몸부림친다. 더 이상 하나님을 기다리는 것은 불가능해진다. 하나님의 때가 아니라 오직 자신의 때만 존재한다. 그 순간부터 기독교의 비극이 시작된 것이다.

10
기도의 완성된 상태는 중간태 기도이다

언제나 우리 기도는 능동태적이지만 수동태적이어야 한다. 하나님의 음성을 듣고(수동태) 그 음성을 좇아 드리는(능동태) 기도여야 한다는 뜻이다. 유진 피터슨이 이 중간태 기도를 강조했다.

> "우리는 하나님을 조작(능동태)하거나 하나님에 의해 조작(수동태) 당하지 않는다. 우리는 하나님께서 행하신 행위 속에 포함되고 거기에 참여하지만 그것을 조종하거나 제한하지 않는다(중간태). 기도는 중간태에서 이루어진다."(유진 피터슨, 묵상하는 목회자, 좋은씨앗, 158쪽)

하나님이 먼저 계획하시고 일하시기 때문이다. 수동태 기도(침묵기도)를 통해서 이 사실을 깨달을 수 있다. 동시에 우리가 참여하기를 하나님이 원하신다는 것을 알게 된다. 그때 우리의 기도는 모세가 드렸던 것과 같은 다른 차원의 능동태 기도를 하게 되는데, 바로 중간태 기도이다. 빌립보 교회처럼 말이다.

> "너희가 첫날부터 이제까지 복음을 위한 일에 참여하고 있기 때문이라 너희 안에서 착한 일을 시작하신 이가 그리스도 예수의 날까지 이루실 줄을 우리는 확신하노라"(빌1:5-6)

11

침묵은 작은 죽음 같은 것이다

침묵을 통해 우리가 만나는 것은 '무'(無)의 경험이다. 아무것도 하지 않는 것, 아무것도 할 수 없는 것의 경험이다. 일종의 죽음의 경험이다.

그때 우리는 내가 붙잡고 있던 모든 것들이 얼마나 가볍고 하찮은 것인지를 알게 된다. 이스라엘이 홍해 앞에 섰을 때였다. 죽음을 느끼며 두려워하는 이스라엘 백성에게 모세가 이렇게 말을 꺼냈다.

"너희는 두려워하지 말고 가만히 서서"(출14:13)

이어 모세는 하나님이 모든 것을 하시겠다는 말씀을 선포했다. 그때 이스라엘이 행할 것은 위의 말씀처럼 '가만히 있는 것'이었다. 자기 행위와 시도를 모두 내려놓는 것은 자신이 죽는 것을 의미했다. 그때 그들은 하나님의 행위를 보게 된다.

침묵은 작은 죽음 같은 것이다. 나의 행위를 내려놓고 나를 부정하는 표현이기 때문이다. 그때 우리에게도 새로운 가능성이 열릴 것이다.

12
지금 기도해야 한다

.

'기도할 시간이 없다.' '기도할 형편이 아니다.' 이렇게 사람들이 말하지만 사실은 기도하고 싶지 않은 것이다.

무엇보다 리듬이 깨질 것을 염려해서 그렇다. 기도가 기도를 부른다니까, 기도하다 주님의 음성이 들릴까 봐, 기도 때문에 나의 시간과 계획이 변경될까 봐, 기도를 주저한다.

결국 더 깊이 하나님을 만나고 싶지 않다는 뜻이다. 나의 삶을 사는 선에서 주님을 믿고 싶다는 뜻이다. 완전히 이 세상 시스템에 익숙해진 것이다.

그때부터 아예 진정한 기도는 거의 불가능하게 된다. 기도의 모양만 있는 크리스천이 되는 길에 들어선 것이다. 그러므로 지금 기도해야 한다.

기도는 하나님을 독대(獨對)하는 것이다

우리가 심각하게 여기지 않는 것이 있다. 우리는 절대 하나님과 비견되거나 상종할 수 있는 존재가 아니라는 사실이다. 하찮고 아무것도 아닌 먼지 같은 존재임을 잊는다.

우리가 존귀해진 이유는 그리스도 예수께서 우리를 위해 죽으심으로 인정된 것일 뿐, 주님 없이 우리는 여전히 하찮은 존재에 불과함을 잊지 말아야 한다.

그러므로 우리가 하나님 앞에 나아갈 수 있는 것은 그리스도의 피가 뿌려짐으로 우리가 거룩해졌기 때문이다. 그때부터 하나님 보좌 앞으로 나아가 직접 대면하여 말할 수 있는 존재가 되었다. 우리가 드리는 기도가 권세 있는 이유이다.

> "그러므로 형제들아 우리가 예수의 피를 힘입어 성소에 들어갈 담력을 얻었나니 그 길은 우리를 위하여 휘장 가운데로 열어 놓으신 새로운 살 길이요"(히10:19-20)

그러므로 기도는 단순히 청원이 아니다. 하나님 아버지와의 독대이고 친밀감이며 깊은 사랑이다.

14
입 다물고 하나님을 기다려야 한다

멈추는 것이 경청이다. 하나님의 음성을 듣겠다는 사람이 멈추는 것은 하나님을 인정하는 최소한의 겸비된 태도이다. 어떻게 딴 일을 하면서 왕의 음성을 들을 수 있는가? 그런 불경이 어디 있는가?

멈춰야 한다. 그것도 매우 자발적이고 적극적으로 기다리고 들을 준비를 하고 멈춰 있어야 한다.

우리가 원하는 시간이 아니라 하나님이 원하시고 뜻하시는 시간에 하나님은 말씀하실 것이다. 그때까지 입 다물고 하나님을 기다려야 한다.

경험해 보았는가? 그 기다림의 아름다움과 설렘 말이다. 그때, 하나님의 음성이 들릴 때, 그때부터 새로운 세상이 열릴 것이다.

15
우리는 굶주려 있는지도 모른다

영의 존재를 믿는다면 우리는 굶주려 있을지 모른다. 영의 양식인 말씀을 제대로 먹지 않고 있다면 말이다. 그런데 문제는 우리가 그런 영적 굶주림의 상태를 인식하지 못한다는 점이다.

영적인 굶주림, 그것은 우리의 정신과 마음에 영향을 미친다. 바로 불안의 요인이 되며, 당연히 몸에도 부정적 영향을 끼친다. 영을 생각하지 않으면 불안의 이유가 무엇인지를 감지하지 못한다.

그래서 다른 처방들을 내리는데 특히 강하고 센 것을 추구하거나 위장된 선과 평화를 과시하기도 한다. 하지만 이미 자신의 밸런스를 놓친 상태이고 어느 순간에 붕괴로 나타날 것이다.

그러므로 소홀히 해서는 안 된다. 영의 양식인 하나님의 말씀에 집착하며 추구해야 한다. 그것이 진실로 우리를 온전하게 하는 길이기 때문이다.

16
민감함이 느려지고 둔탁해진 이유가 있다

어느 날부터 하나님의 음성이 들리지 않고 죄에 대한 민감함이나 반응이 느려질 때가 있다. 왜 그럴까?

컴퓨터 속도가 느려지면 우선 휴지통부터 비운 후 디스크 정리를 하여 필요 없는 파일들을 없앤다. 그뿐만 아니라 쓸데없이 들어가 있는 프로그램들도 지우고 무엇보다 악성코드들을 찾아 없애야 한다. 이것들이 소위 히브리서 기자가 말하는 "모든 무거운 것과 얽매이기 쉬운 죄"(히12:1)라 할 수 있다. 그것들이 우리를 둔하게 만드는 것이다.

우리가 늘 회개하며 하나님 앞에 서야 하는 이유이다. 그러므로 회개가 중요하다. 우리 안의 쓸데없는 것들 그러나 우리를 끈적하게 붙잡고 있는 것들, 나도 모르는 사이에 나의 것이 되어버린 악성코드 등 그런 것들을 제거하는 것이다. 그것이 회개다.

하나님의 음성을 듣고 죄에 민감하게 반응하며 정결을 유지하는 것은 매우 중요하다. 우리가 온전히 사는 방법이고 하나님의 뜻을 실현하는 길이기 때문이다. 그러므로 자세히 봐야 한다. 내가 느려지고 둔감해지고 민첩함을 잃어버린 채 죄에 대한 게으름으로 살고 있지는 않은지 말이다.

17
확실한 죄는 확실히 버려야 한다

누가 봐도 죄인 것은 확실히 버려야 한다. 혹시 그것이 죄인지 아닌지 구별이 잘 안 되면 사람들이나 친구들에게 묻지 말고 그것을 가지고 예배당으로 나아가 홀로 서서 죄인지 아닌지를 하나님께 물어보면 분명히 보일 것이다.

확실한 죄는 확실히 버려야 한다. 그것을 바울은 악은 모양이라도 가져서는 안 된다고 말했다. 진실로 모양도 안 된다.

"악은 어떤 모양이라도 버리라"(살전5:22)

모양이라도 버리라는 권면은 정말 힘들지도 모른다. 그렇다면 그만큼 죄에 익숙해지고 내 마음의 틈새가 벌어졌다는 뜻이다. 그때 더욱 주의하여 버려야 한다. 확실히 버려야 한다.

18

복음이라면 언제나 옳다

무엇을 먹을까 무엇을 마실까 특히 무엇을 입을까를 고민하는 것은 이 세상을 사는 일반적인 방법이다. 자기를 가꾸는 방법이고 자신의 존재감을 확인하는 방법이기도 하다.

그렇다면 무엇을 입을까를 고민하지 않는 것은 어떤가? 우리가 잘 알듯이 스티브 잡스는 늘 청바지에 검은색 터틀넥 윗도리를 입었다. 페이스북의 마크 저커버그도 늘 회색 티셔츠를 입었다. 그런데 그것이 오히려 그들을 독특하게 하는 방법이 되었다.

크리스천도 얼마든지 이 세상에 적응하기 위하여 화려해질 수 있다. 목사 역시 이 세상의 변화에 맞춰 새로운 방법의 목회를 추구할 수도 있다. 물론 이때에도 오로지 복음에 초점이 맞춰진 것이라면 옳다. 하지만 똑같은 옷을 늘 입는 것처럼 나만의 방법을 좇아 기본과 정통을 지키는 것도 나쁘지 않다. 역시 복음에 충실하게 걸어가고 있다면 그것은 언제나 옳다고 할 것이다.

19

버리는 순간 중요한 것이 선명해진다

회개를 하는 순간 즉 무거운 것과 얽매이기 쉬운 죄를 버리는 순간 중요한 것이 선명해진다. 그 중요한 것 중에서 가장 중요한 것이 드러나는데 바로 사는 이유, 곧 부르심이다.

알게 모르게 우리는 사는 동안 별로 중요하지 않은 것들에 의해 지배당한다. 그런 것들로 얼기설기 엮어져 있다. 그런데 그것들은 사소하지만 매우 개인적인 것이어서 없어도 되지만 지금까지 살던 방법 때문에 반드시 붙잡고 있을 수밖에 없다. 예속되어 있다는 뜻이다.

그것들을 뒤치다꺼리하느라 정작 살아야 할 가치와 부르심은 어떻게 해볼 시간이 없다. 심지어 그것이 무엇인지도 흐려진다. 드디어 세상이 흘러가는 대로 흘러가는 죽은 삶이 시작된다.

그러므로 먼저 버려야 한다. 회개해야 한다. 그렇게 자신을 가볍게 해야 한다. 덕지덕지 붙어있는 것들을 떼어내야 한다. 그때 부르심이 선명해질 것이다. 그리고 그 부르심을 따라 살아야 한다.

20
회개는 또 다른 의미의 미니멀리즘이다

세상의 어떤 이들은 필요한 것 외에는 다 버리는 것을 통해 모든 것을 다 줄이는 미니멀리즘을 추구한다. 미니멀리즘에 동의하든 동의하지 않든 여러 가지 유익들이 드러나는데 그중에 한 가지는 가장 중요한 것이 드러나는 것이다.

생각해 보라. 만일 지금 불이 나서 그냥 뛰쳐나와야 한다면 분명해진다. 새로이 산 냉장고, 100인치 TV, 도난당할까 봐 걱정되어 거실에 둔 수백만 원짜리 자전거, 최신 노트북 등 이런 것들이 아니다. 심지어 금고 깊은 곳에 숨겨놓은 금덩어리도 아니다. 혼자 걷기도 힘든 아이를 들쳐업고 밖으로 뛰쳐나올 것이다. 그것이 가장 소중하기 때문이다. 나의 경우 오랫동안 묵상하며 여백에 빼곡히 글을 적어놓은 내 성경책이 될 것 같다.

그런 관점에서 볼 때 회개는 또 다른 의미의 미니멀리즘이다. 하나씩 죄와 더러움, 몸과 마음과 생각에 덕지덕지 붙어 있던 것들을 버리기 시작하면 가장 중요한 것이 보이기 때문이다. 그런데 우리는 회개하지 않는다. 그렇다면 우리를 부르신 주님의 사명과 삶의 목적은 영원히 모호해질지도 모른다. 계속 넋 놓고 쓸데없는 것이 목적이 되어 죽을 때까지 살지도 모른다.

21

우리는 하나님을 구하지 않는다

오로지 기도하기 위하여 마음을 정하고 앉는 것은 중요하다. 그리고 무엇을 구하는 것이 아니라 오로지 하나님만을 구하며 기다리며 침묵하는 것으로 충분하다. 우리에게 필요한 모든 것을 아시는 하나님께서 일하실 것이기 때문이다.

사실 우리는 모든 것을 이미 받았다. 아들 예수를 내어주신 하나님의 은혜로 충분하다. 예수만으로 우리는 충분히 살 수 있다. 그런데 더 놀라운 것은 '하나님을 구하는 자에게 하나님이 성령을 허락하신다'(눅11:13)라는 사실이다.

그런데 우리에게 모자란 것이 있다. 하나님을 구하지 않는 것이다. 우리가 구해야 할 것들이 너무 많은 까닭이기도 하지만 하나님을 구하는 것의 비밀을 모르기 때문이기도 하다. 그러므로 지금 가만히 앉아 나의 모든 욕망(선한 것이든 개인적인 것이든)을 내려놓고 하나님을 추구하며 기다리는 것부터 다시 시작해야 한다.

22
우리는 생각을 너무 방임하고 있다

우리는 생각을 가볍게 여긴다. 하지만 우리 안에서 떠오르는 생각이 악과 더러움과 분노, 적개심과 음란이라면 미워해야 한다. 심지어 탄식하는 것이 옳다. 하지만 떠오르는 생각에 대해서는 그냥 즐기며 방임하거나 대부분 심각하게 반응하지 않는다.

모든 죄와 더러움은 생각이 숙성되어 행동되는 것이라는 사실을 모른다. 생각 없이 악과 더러움을 행하는 것은 정신이 무너진 이들에게나 가능한 것일 뿐 거의 모든 사람들에게 죄는 생각과 밀접하다.

그러므로 침묵기도를 통하여 흘러나오는 생각들을 직시하고 그것들을 다독이며 흘려보내는 것은 침묵기도의 중요한 것 중의 하나다. 또한 생각은 정결해져야 하고 모든 더러운 생각과 마음은 충분히 흘려보내고 거기에 예속되지 않을 만큼 성령의 통치를 받아야 한다.

23
우리 생각을 주의 깊게 주시해야 한다

우리를 지배하는 생각들을 깊이 살펴야 한다. 일시적으로 미움이나 성적인 욕망 그리고 분노가 흘러나올 수 있다. 누구에게나 있는 현상이다.

그런데 문제는 우리가 그 생각들이 연속되도록 내버려 두거나 주도적으로 그 생각을 발전시키는 것이다. 그때 미움은 저주가 되고 성적인 욕망은 간음이 되며 분노는 살인이 된다. 주님도 이것을 말씀하셨다.

"나는 너희에게 이르노니 여자를 보고 음욕을 품는 자마다 마음에 이미 간음하였느니라"(마5:28)

그러므로 생각에 꼬리를 물도록 내버려 두거나 그 생각을 즐기거나 위험하고 음란한 상상을 하는 것은 피해야 한다. 또한 그것들을 조장하는 모든 종류의 미디어는 멀리해야 한다. 진실로 나를 지키기 위해서는 잊지 말아야 한다.

24

그리움과 사랑이 크리스천의 삶의 방식이다

우리에게 필요한 것은 기술이 아니다. 잘 믿는 기술, 하나님을 아는 기술 같은 것은 없다. 혹여나 우리 노력으로 하나님을 감동시킬 수 있다고 생각하면 그것도 의미 없다.

하나님은 모든 것의 아버지시며(of all) 모든 것 위에 계시고(above all) 모든 것을 통하여 계시며(through all) 모든 것 안에 계시는(in all) 분이시기 때문이다(엡4:6).

하나님이 우리에게 오신 것은 오로지 그 은혜 때문이고 사랑 때문이다. 우리의 노력 때문이 아니다. 그러므로 신앙은 노력으로만 추구해서는 안 된다.

노력은 이미 은혜를 누리므로 구속함을 받은 자들의 책임이고 감사하는 방법이라 해야 옳다. 그러므로 잠잠히 골방으로 들어가거나 혹은 광야 같은 세상에서 살지만, 그분을 기다리며 사는 것이 신앙이다. 그리움과 사랑이 크리스천의 삶의 방식이 되는 이유다.

25

다른 것을 보기에 다른 존재가 된다

하나님 안에 거할 때, 나의 주장과 생각을 고집하지 않고 그의 음성을 들을 때, 우리는 크고 놀라운 비밀을 보게 된다. 하나님은 크고 놀라운 존재이시기 때문이다.

그러므로 우리가 매일 자기의 문제에 얽혀 사는 이유는 스스로 자신 안에 자신을 가두기 때문이고 하나님의 확장을 어리석게 막고 있기 때문이다.

침묵은 분석하지 않는 것이다. 마치 물이 흐르듯 자연스럽게 허용하는 것이다. 무엇이 보이고 무엇을 느끼든 일희일비하지 않는 것이고 가만히 하나님의 만지심에 나를 열어 놓는 기도이다. 그 순간 우리는 그동안 보지 못하고 알지 못했던 세상을 보게 될 가능성에 놓인다.

그때 무엇보다 나는 확장된다. 막힌 것들이 열려 빛을 보는 일이 벌어지고 구름이 걷히는 경험을 하게 된다. 다른 것을 보기에 다른 존재가 되는 일이 일어난다.

26
우리가 잃어버린 기도가 있다

우리는 단순하지 않다. 복잡하고 많은 생각으로 얽혀있다. 기도할 때도 같은 메커니즘이 작동한다. 아버지 하나님과 얘기할 때 아버지 품 안에 거하는 것보다 처음부터 전투적으로 아버지를 찾는다. 무엇을 말하고 요구한다.

어느 날 나의 어머니는 그런 나를 꼭 안아주셨다. 그 품 안에서 나는 모든 것이 해결되었다.

하나님은 우리 아버지시니, 탕자가 아버지 품에 안긴 것처럼 아무 말 하지 않고 그의 품에 안기는 것이 우리에게는 필요하다.

'단순한 쉼, 아버지 품에 안기는 것.'

아무 말 하지 않고 마음의 소리를 내려놓고 하나님의 현존으로 들어가는 것(침묵)이 우리가 잃어버린 기도임을 사람들은 모르는 것 같다.

우리의 가치는 하나님이 사랑하신다는 데 있다

우리의 가치는 하나님이 사랑하신다는 데 있다. 우리가 비록 죄의 덩어리적인 존재일지라도 그 미치도록 강렬한 사랑이 우리의 가치를 증명한다.

가끔 우리는 우리가 어떤 일을 함으로 하나님의 사랑을 얻을 수 있다고 생각한다. 물론 하나님이 '착하다'라고 말씀하실 것이다. 그래도 우리의 가치는 거기에서 비롯되는 것이 아니다. 우리의 자격, 우리의 가치는 오로지 하나님의 미치도록 강렬하고 무조건적인 사랑에서만 나올 뿐이다.

'우리의 가치는 하나님이 사랑하신다는 데 있다.'

28
죄를 짓는 이유는 내가 붙잡고 있기 때문이다

생각은 지나간다. 생각이 지나지 않고 여전히 떠오르는 것은 내가 붙잡고 있기 때문이다.

죄가 그렇다. 사실 죄도 생각처럼 간과할 수 있고 흘려보낼 수 있다. 하지만 여전히 죄를 짓고 있는 이유는 죄를 내가 붙잡고 있기 때문이다.

알고 보면 죄는 내가 좋아하는 것, 연민 덩어리인 것이다. 버리고 싶다는 마음만 갖고 있을 뿐 실제로 버릴 수 없는 나의 일부인 것이다. 그래서 죄와 함께 산다.

생각을 넘어 더 깊이 들어가 하나님의 현존에 이르러야 한다. 그때 생각은 지나간다. 죄에서 벗어난다.

29

나는 생각한다 그러나 나는 생각을 통치한다

"나는 생각한다. 고로 나는 존재한다."(데카르트)

생각하는 것이 존재한다는 말은 맞다. 그런데 문제는 '생각이 어떻게 작용하는가'에 있다. 만일 생각이 더럽고, 생각이 음란하고, 생각이 사악한 채로 흘러나오고 있다면 문제다. 경험했겠지만 생각은 단순하지 않고 에너지를 갖고 있어서 행동화하는 힘이 있다.

그러므로 생각은 나를 확인하지만 그것이 죄와 악을 드러내는 통로일 수도 있다. 그런데 사람들은 그 생각을 어떻게 다룰지를 모른다. 그냥 방치한다. 생각이 날뛰면 잠깐 참거나 폭발하거나 그럴 뿐이다.

우리는 바뀌어야 한다. 무엇보다 생각을 먼저 통치해야 한다. 일단 이것부터 생각하라. 거기서부터 시작해야 한다.

'나는 생각한다. 그러나 나는 생각을 통치한다.'

30
지독하게 몰아붙여야 변화될 수 있다

지독하게 몰아붙이지 않으면 우리는 변화될 수 없다. 잠깐 변화되는 것처럼 흉내를 내다가 이내 다시 원래로 돌아갈 것이다. 우리는 자신을 지독하게 몰아붙여야 한다. 그렇지 않으면 곧 그렇게 굳어진 나를 보게 될 것이다.

선한 의지를 일시적으로 보일 수 있다. 하지만 변화되지 않은 자, 자신의 생각과 마음을 통제할 수 없는 자의 선한 의지는 믿을 수 없다. 그러므로 온전한 변화가 이뤄질 때까지 우리는 우리 자신을 가혹할 만큼 몰아붙여야 한다. 쳐서 복종시켜야 한다.

분명 그들도 선한 의지는 있었다. 그러나 그 의지를 지속할만한 힘은 없었다. 그래서 더러운 것이 자라난 것이고 결국 괴물이 된 것이다. 분명히 그들이 원하지 않았을 끔찍한 학대와 살인에 이르게 한 것이다.

사람이 변하는 것은 쉽지 않다. 지독하게 몰아붙이지 않고 우리가 변화될 수 있겠는가?

12

수도적 삶은 시간이 걸린다

1
영적인 것은 당연한 것이어야 한다

우리가 몰아붙여야 하는 것은 영적인 추구가 우선이어야 한다. 그런데 사람들은 육체적인 부요와 성공을 위한 것에 우선적 추구를 한다. 영적인 것은 이차적인 것으로 밀려난다. 그런 까닭에 우리는 절대로 영적인 존재로 살 수 없는 것이다.

더욱이 시간이 갈수록 우리의 물질 중심적 삶은 견고하게 고착될 것이다. 영적인 것처럼 보였던 젊은 시절의 목사가 나이가 들면서 추해지는 이유이다.

영적인 것을 추구하는 것은 언제나 우선순위여야 한다. 아침에 일어나 이렇게 물어보라. '나는 기도했는가?', '나는 성경을 읽었는가?', '나는 하나님을 기억하는가?', '오늘 하루 어떻게 살 것인지를 생각했는가?'

이와 같이 단순한 질문에 대답하는 것이 유치한가? 그래야 한다. 영적인 것은 당연한 것이어야 한다. 그렇게 되도록 지독하게 추구해야 한다.

2
말은 멈추고 말씀을 생각하라

우리의 말은 죄를 지니고 있다. 우리가 넋을 잃을 때 말은 죄를 쏟아낸다. 말을 할수록 날카로운 비수가 되어 사람들에게 상처를 입힌다. 말이 갖고 있는 날카로움이다. 말의 부족함, 말의 결핍의 이유이다.

반면에 하나님의 말씀은 완전하다. 하나님의 말씀은 날카롭고 강력하지만 동시에 온유하고 부드러워서 수술하듯이 도려내지만 치료한다. 그래서 언제나 하나님의 말씀, 곧 성경 말씀에 노출된 자들은 새로워진다. 말씀의 완전함, 말씀의 충만함이다.

그러므로 침묵은 나의 말을 절제하게 한다. 동시에 침묵은 하나님의 말씀을 받아들이도록 한다. 침묵이 중요한 이유이다. 그러므로 말은 멈추고 말씀을 생각하라.

3
고독은 거룩에 이르는 입구이다

거룩, 히브리어 '카도쉬'는 '분리'를 의미한다. 세상에 살지만 세상과 나를 분리시켜 고독함으로 하나님 앞에 단독자로 대면하는 것이 거룩이다. 그래서 아무리 거대한 세상이 몰려와도 흔들리지 않는 것이다. 그것이 거룩의 모습이다.

이 정도의 깊이가 거룩이기에, 거룩에 이르는 것은 쉽지 않다. 그러므로 거룩에 이르기까지는 하나님 앞에 홀로 서서 사는 고독의 시간이 필요하다. 그것이 일상이어야 한다.

다니엘은 비록 포로로 잡혀갔어도 흔들림 없이 살았다. 그것은 세상으로는 고독하지만 하나님 앞에 하나님과 더불어 살았다는 뜻이다. 그 시작이 '뜻을 정하는 것'이다. 의도가 중요하다. 물론 우리는 의도한다고 자동적으로 되는 것은 아니지만 그것에 반응하시고 역사하시고 힘을 주셔서 뜻을 지키게 하나님이 역사하시기 때문이다.

홀로 하나님 앞에 고독함으로 사는 것, 쉽지 않지만 아름다운 것이고 그것이 거룩을 사는 것이다. 세상 어느 누구의 지원이나 속삭임에도 의존하지 않고 오로지 홀로 서는 것이기 때문이다. 그런 의미에서 고독은 거룩에 이르는 입구이다.

4
사람들은 하나님을 두려워하지 않는다

두려움은 다행이다. 두려워할 수 있다면 축복이다. 그런데 사람들은 두려움이 없다. 너무 담대해졌다. 거짓과 불의를 행하면서도 두려워하지 않는다. 악에 대하여 자유로워졌다. 하긴 교회와 목사들마저 불의하고 더러움에 자유롭게 노출되어 있으며 회개하거나 돌아설 줄도 모르는데 달리 할 말이 있겠는가?

노아의 홍수 때 세상은 희망이 없었다. 두려움이 사라졌기 때문이다. 그들은 자유롭게 죄를 범하였다. 그리고 마음은 이미 악으로 범벅이 되어있었다. 그때 하나님이 계획하신 것이 홍수로 인한 멸망이었다. 하나님을 두려워하지 않는 세상에 대한 하나님의 심판이었다.

> "여호와께서 사람의 죄악이 세상에 가득함과 그의 마음으로 생각하는 모든 계획이 항상 악할 뿐임을 보시고 땅 위에 사람 지으셨음을 한탄하사 마음에 근심하시고 이르시되 내가 창조한 사람을 내가 지면에서 쓸어버리되"(창6:5-7)

하나님을 두려워하지 않는다. 소위 하나님을 믿는 자들에게서도 이런 일이 더 빈번하게 일어나고 있다. 이보다 더 위험한 상황이 어디 있는가?

5
악에게 잠시 틈도 줘서는 안 된다

악한 생각이 생길 수 있으나 악한 생각이 오랫동안 자신 안에 머무는 것을 허용해서는 안 된다. 일시적으로 허용하고 버리면 되겠지 하고 생각할 수 있지만, 악은 그렇게 호락하지 않다.

그 같은 반복이 계속되면 어느 날 악한 생각을 하면서도 악하지 않다거나 그리 대수롭지 않게 생각되는 현상을 만날 수 있다. 악에게 설득당한 것이다. 그때부터 악한 생각은 사소한 생각으로 바뀔 수 있다.

그러므로 악이 자연스러워지기 전에, 죄가 익숙해지기 전에, 아예 악한 생각의 단계부터 쫓아내야 한다. 방치해서는 안 된다. 악이 성장하게 놔둬서는 안 된다. 바울은 악한 모습을 갖추기 전 단계라고 말할 수 있는 '화'조차도 방치하지 말 것을 요청했다. 보잘것없어 보여도 마귀가 들어오는 틈을 만드는 것이라고 경고한 이유다.

> "화를 내더라도, 죄를 짓는 데까지 이르지 않도록 하십시오. 해가 지도록 노여움을 품고 있지 마십시오. 악마에게 틈을 주지 마십시오."(새번역/엡4:26-27)

6
변화는 경계를 넘어갈 때 벌어진다

변화는 경계를 넘어갈 때 벌어진다. 늘 내게 익숙한 정도의 기도와 침묵, 익숙한 정도의 큐티와 예배 등으로는 쉽게 변화되지 않는다. 너무나도 견고한 진이 이미 우리 안에 있기 때문이다.

끝이 없어야 한다. 지금보다 더 기도와 말씀의 수준을 높이고 거기에 이르면 그것보다 더 높은 수준으로 올라가길 추구해야 한다. 끝이 없어야 한다. 그리스도의 완전성 곧 성숙에 이르는 것은 마치 끝없는 길 같기 때문이다. 그런 까닭에 시작하다가 멈추는 사람들이 발생한다. 끝이 없는 길이니까 이해는 된다.

하지만 하나님을 만나고 그분과 친밀감에 이르고 다른 세계를 경험하고 다른 가치를 갖는 것이 그리 쉬운 일이겠는가? 그래서 견디지 못하고 신앙적 수련을 멈추거나 늘 쉬운 단계에 머무른다. 그럴 수도 있다. 그렇다면 이름뿐인 크리스천으로 살다가 끝날 수도 있다는 것을 잊지 말아야 한다.

7
사랑은 고통이 없다

사랑은 고통이 없다. 현상적인 고통은 있지만, 고통으로 느껴지지 않는다. 사랑 때문이다.

예수가 십자가에 못 박혀 죽을 때에도 예수는 고통을 느꼈지만, 역설적으로 고통을 느끼지 못했을 것이다. 고통이 사라진 것이 아니라 사랑이 고통을 넘어서게 하기 때문이다. 고통하지만, 고통하지 않는다. 십자가의 신비.

고통하지만
고통이 없다

내가 고통받으므로
네가 사니까

고통하지만
고통하지 않는다

8
지루해 보이는 아름다움밖에 다른 길은 없다

"닳아서 낡은 성경책을 소유한 사람은 무너져 내리지 않는다."

(찰스 스펄전)

닳아서 낡은 성경책, 성경으로 심장을 지키고 눈을 지키며 손을 지킨 사람이라는 말이겠다. 자신의 무기력함을 알았으니 하나님에게 맡기려는 의지를 말하는 것이겠다.

내 손에 무엇이 쥐어져 있는가? 내 삶의 시간 속에 내 의식과 내 무의식까지 닳아 낡은 성경책 같은 빈번하고 일상적인 하나님 추구가 이루어져야 하는 것, 다른 지름길은 없다. 지루해 보이는 아름다움밖에 다른 길은 없다.

9

가벼운 침묵은 말씀이 없는 침묵이기 때문이다

약 500년경 베네딕트 수도사가 수도원을 시작할 때쯤 그들에게는 지금과 같은 성경이 없었지만, 글을 읽는 것도 쉽지 않은 이들이 대부분이었다. 그런 까닭에 수도사들은 다른 사람이 읽어주는 말씀을 듣고 외운 후 그 말씀으로 하루 종일 묵상하였다.

성경이 하나님으로부터 나온 까닭에 수도사들은 그 말씀을 깊이 묵상할 때 다른 차원으로의 전이를 경험하였다. 성경이 단순한 책이 아니기 때문이었다.

우리의 침묵은 하나님과 함께하는 것, 그러나 가장 중요한 것은 그 사람 안에 말씀이 가득해야 한다. 그 말씀은 스스로 살아 자유롭게 우리 안에서 역사하실 것이다. 그러므로 침묵의 단절이 생기는 이유는 바로 이러한 말씀의 깊이가 없는 침묵, 가벼운 침묵 때문이다. 그 순간 침묵의 깊이는 소위 뇌 호흡 정도나 요가적 명상 정도로 전락할 수 있는 것이다.

10
거룩한 여유 거룩한 여백이 있어야 한다

우리는 이 세상이 요구하는 일과 어쩔 수 없이 해야 하는 일에 묶여 있다. 여유가 없다. 기도할 여유, 예배드릴 여유, 말씀을 묵상할 여유가 없다. 그런데 알아야 할 것이 있다. 평생 그런 여유는 없을 것이란 사실이다.

거룩한 여유는 의도적으로 구분하여(거룩/분리) 떼어놓아야 한다. 마치 사랑하는 사람을 만나기 위하여 시간을 만들 듯이. 그러므로 기도와 예배와 묵상처럼 영적인 것을 세상에서 사는 방식대로 해서는 안 된다.

하나님을 생각하는 일에 더 많은 시간의 여유를 가져야 한다. 거룩한 여유. 마치 흰 여백이 있는 노트처럼 하나님과의 이야기를 적어놓을 여백이 있어야 한다.

11
일상생활은 깨어 있어야 한다

언제나 정신은 명료한 상태를 유지해야 한다. 그런 점에서 일상생활이 중요하다. 비록 밥을 먹고 운동을 하고 친구들을 만나 잡담을 할 때에도 정신은 깨어 있어야 한다. 현재를 느껴야 한다.

밥을 씹어 먹으며 밥을 느끼고 운동을 할 때에도 나의 몸을 느껴야 하고, 친구와 대화할 때에도 순간순간 나를 통제하고 돌아보아야 한다. 아무 말이나 터져 나오는 것이 아니라 의식해야 한다.

넋 놓고 되는대로 살고 싶을지도 모른다. 그렇게 살아온 사람들은 더욱 그럴지도 모른다. 그래서는 안 된다. 그런데 만일 자연스럽게 그럴 수 없다고 느끼고 있다면 이미 수도적 삶에 들어선 것이다.

12 수도적 삶은 시간이 걸린다

12
수도적 삶은 시간이 걸린다

수도적 삶은 시간이 걸린다. 갑자기 무엇이 이뤄지지도 않는다. 마치 갓난아이가 하루아침에 커서 말을 하고 걷고 밥을 먹지 못하는 것과 유사하다. 그런 까닭에 지루하다.

빨리 무엇인가를 얻고 싶고, 무엇인가를 보고 싶어 한다. 황금알을 낳는 거위의 배를 가른 사람처럼 우리도 그렇게 추구한다.

그러나 잊어야 한다. 내가 수련을 하고 있는 것조차 잊어야 한다. 밥을 먹듯이, 숨을 쉬듯이 수련이 진행될 때, 어느 날 깨달음이 올 것이고 주님과 일체를 경험할 것이다.

이 대단하지도 않은 수련(?)을 통해 무엇을 얻으려 하지 않고 단지 사랑하는 마음으로 기다릴 때, 어느 날 경험하는 것이다. 그래서 아무나 쉬이 얻을 수 없는 것이다.

13
멈추는 것, 귀 기울이는 것, 듣는 것 그리고 쓰는 것

기도는 듣는 것이다. 그런데 듣지 못한다. 마음에는 여전히 수많은 소리와 욕심 같은 것들로 가득 차 있기 때문이다. 주님이 나에게 말씀하시는 것이 들리지 않는다.

아무리 침묵기도를 강조하여도 부족하다. 하나님의 음성을 듣기 원하는 자들에게는 매우 중요한 수행이기 때문이다. 그러므로 건성으로 하거나, 흉내만 내거나 하는 정도로 하나님의 음성을 듣는 것은 불가능하다.

저널링은 단순히 듣는 것이 아니라 그 듣는 것을 적는 것이다. 침묵기도를 끊임없이 수행해온 자가 아니고서 저널링은 별로 의미 없다. 머리를 짜내는 정도의 노력이거나 자신의 소리만 토해내는 배설 같은 것이 되기 때문이다. 물론 그것도 중요하지만 하나님의 음성을 듣는 것은 아니다.

멈추는 것, 귀 기울이는 것, 듣는 것 그리고 쓰는 것. 이것은 아름답다.

14
우리는 부족하지 않다

우리는 부족한 상태라고 강요받고 있다. 수없이 쏟아져 나오는 광고들은 우리를 그렇다고 설득한다. 놀라운 기능을 가진 자동차 광고로 나의 소형차를 뭔가 모자란 느낌으로 만들고, 고가의 옷과 화장품과 기구들 광고는 그것들을 쓰거나 입거나 바르지 않으면 뒤처진 느낌을 들게 한다. 높은 연봉 이야기나 화려한 결혼식을 애기하며 기준을 거기에 맞춰 나의 삶을 초라하게 만든다.

하지만 이 모든 것은 거짓이고 속임수다. 우리는 존재 자체로 아름답고 살아있는 것으로 거룩하다. 위의 것들과 우리의 만족과 행복과는 별로 관계없다. 이 사실을 깨달은 바울이 이런 고백을 하였다.

"나는 어떤 형편에서도 스스로 만족하는 법을 배웠습니다."
(현대인의성경/빌4:11)

세상의 기준에서 볼 때 그는 분명 만족스럽지 못한 상태였다. 유대인들의 고소로 가이사에게 재판받기 위해 로마까지 온 상태였고 지금은 연금되어 있었다. 그런데 바울은 만족스럽다는 것이다. 모든 껍질 곧 주입된 세계관, 광고 같은 것들, 어리석은 생각과 이념들 같은 것들을 버리고 바울은 그리스도 안에 있었기 때문이다. 그리스도를 만나는 순간 그 자체로 만족스러운 최고의 상태임을 안 것이다.

우리는 부족하지 않다. 우리를 위해 죽으신 그리스도 때문이고 그렇게 사랑하신 하나님 때문이다. 이것을 잊는 것이 하나님이 없는 자들의 비극이고 하나님을 믿어도 왜곡된 신앙을 가진 자들의 비극이다.

15

오염되지 않은 배고픔이 있다

　기도의 깊이로 들어가면 감각으로 경험하던 것들이 무의미해지는 어두운 밤 경험에 이른다. 그러니까 수련을 하면 할수록, 주님께 가까이 가면 갈수록 오히려 갈증을 느끼고 더딘 것 같은 느낌이 들 것이다. 이상하게 생각할 필요 없다. 그것은 퇴보가 아니라 일종의 갈망이다. 배고픔이다.

　이제야 제대로 들어온 것이다. 그전에는 세상의 것들로 수없이 채웠으니까 그런 배고픔과 갈망을 느끼지 못한 것이다. 세상의 쾌락, 즐거움 같은 것들로 채웠었기 때문이다. 그런데 그런 것들을 벗겨내기 시작하면서 진정한 배고픔을 느끼기 시작한 것이다. 오염되지 않은 배고픔, 오염되지 않은 갈망이다. 오히려 기뻐하라.

16

절대 신앙은 아무것도 하지 않는 것이다

"광야로 들어가 하룻길쯤 가서 한 로뎀 나무 아래에 앉아서 자기
가 죽기를 원하여 이르되 여호와여 넉넉하오니 지금 내 생명을 거
두시옵소서"(왕상19:4)

갈멜 산 사건 후 엘리야가 죽기를 청하며 광야로 들어갔을 때였다.
그 같은 행위가 하나님에 대한 거부처럼 보였지만 자세히 읽어보면 아
니다. 오히려 엘리야의 고백은 이런 얘기였다.

오로지 하나님 안에 있겠다는 최고의 신앙고백이다. 아무것도 하
지 않는 것은 오로지 하나님이 이끄시는 대로 살겠다는 완전한 하나님
의존 선언이기 때문이다. 그때부터 엘리야는 다른 지평으로 선지자의
길을 걷는다. 아무것도 하지 않는 것은 절대 신앙의 모습이었다.

그런 점에서 볼 때 우리는 너무 많은 것을 하려 한다. 기독교의 위
기, 교회의 위기는 이처럼 무엇이든 하려는 시도에서 비롯되었다. 그
것이 자기 욕망과 세상의 요구와 만날 때 변질되기 때문이다. 심지어
양심의 화인 맞은 자가 되기도 한다. 우리가 오늘 보고 있는 것처럼 말
이다.

버리는 것은 변하는 것이다

가만히 있는데 아이들은 변하고 우리 역시 변해간다. 육체만이 아니라 우리의 내면도 변한다. 변하지 않는 것은 없다.

변한다는 것은 버린다는 말이다. 꽃을 버려야 가을이 오고 낙엽을 버려야 겨울이 온다. 이처럼 버리는 것은 변하는 것이다. 그래서 고통이다. 버리는 것이어서 그렇다. 그런데 어느 날부터인가 내면의 변화는 멈춘 채 시간은 쌓이고 몸은 커져 가는 상황을 만난다. 그때 이상한 존재가 된다.

계속 버리며 새로워져야 하는데 버리는 것을 멈췄기 때문이다. 고통이 싫어서, 자기 연민에 사로잡혀 버리지 않고 집착했기 때문이다. 그때부터 새로운 것을 멈춘다. 계속 봄의 상태나 가을, 겨울의 상태로 지속하며 흐른다. 겨울에서 봄으로 넘어가지 않는 상태를 만나는 것이다.

그렇게 변하지 않은 채 나머지 인생을 살게 된다. 살아있지만 무료하고 비참한 존재, 살아있다는 이름은 있지만 죽은 존재로 사는 것이다. 인생이 끝난 것이다.

18

죄가 더한 곳에 은혜가 넘쳤다

결국 아들이 돌아오게 된 것, 곧 아버지를 알게 된 것은 그의 죄 때문이었다. 그가 죄를 짓지 않았다면 아버지의 은혜를 모른 채 살았을지도 모른다. 그런데 그 죄 때문에 고통이 왔고, 그 고통이 자신의 죄를 깨닫게 하였다. 그래서 돌아온 것이다. 바울의 글이 이해된다.

"죄가 더한 곳에 은혜가 더욱 넘쳤나니"(롬5:20)

아들은 아버지에게 죄를 지었다고 고백하면서 돌아왔다. 그런데 아버지에게는 그 고백이 중요하지 않았다. 돌아온 것이 중요했다. 아들이 그 고백을 하기 전에 이미 아버지는 그를 끌어안고 있었다.

"아직도 거리가 먼데 아버지가 그를 보고 측은히 여겨 달려가 목을 안고 입을 맞추니"(눅15:20)

헨리 나우웬이 이 장면에 대해 매우 섬뜩하면서 황홀한 설명을 하였다.

"아버지는 집에 온 아들을 단순히 맞아들였다... 하나님은 우리를 끌어안기 전에 순결한 마음을 요구하시지 않는다. 우리가 욕심대로 살았으나 행복을 얻지 못해 그 이유만으로 돌아온다 해도 하나님은 우리를 받아주신다."(헨리 나우웬, 기도의 삶, 복있는사람, 86쪽)

19
아무도 보지 않을 때가 나의 영성이다

정신없이 바쁠 때 자신도 모르게 자신을 방임한다. 그때 우리 내면은 개방되고 내 속의 것이 슬그머니 밖으로 나올 수 있다.

평소에 늘 겸손하고 다정해 보이던 사람도 바쁘고 급하게 되었을 때 예상치 못한 부정적인 모습이 드러난다면 그만큼 그동안 자신을 의식적으로 통제하며 살았기 때문이다.

그런데 이처럼 내가 나를 통제할 여유가 없을 만큼 바쁠 때와 비슷한 경우가 있는데, 혼자 있을 때다. 그때 어느 누구도 의식할 필요가 없기에 우리는 숨겨둔 우리 자신을 만난다.

그러므로 정신없이 바쁜 상태거나 혹은 아무도 보지 않고 오로지 혼자 있을 때 하나님 앞에 서서 자유롭게 옳은 삶을 살고 있다면 그 사람은 안전한 사람이다. 제대로 육체에 대한 영적인 통치가 이뤄진 사람이라 할 수 있다.

20
모든 것이 잘 될 때 긴장해야 한다

나는 무엇이 잘 될 때 가장 긴장한다. 특히 하나님 앞에 온전하게 서 있지 않은데도 불구하고 잘 될 때 더욱 그렇다. 그것은 하나님의 축복이 아니라 하나님의 경고일 수 있어서 그렇다.

여로보암 2세 때 북이스라엘은 가장 풍요로웠는데 그때 하나님은 아모스를 통해 경고하셨다. 그들은 부패한 족속이었고 반역한 상태였다. 그들의 부요와 성공은 끝의 전조현상이었다.

반대로 가난하고 어렵고 모든 것이 풀리지 않을 때 정말 힘들지만 하나님 앞에 바르게 서서 정직과 신실로 걸어가고 있다면 불안할 필요가 없다. 하나님이 살아계시기 때문이다.

사람들은 현상에 집중하고 사람들의 평가로 자신을 생각한다. 어리석은 일이다. 오히려 우리는 늘 하나님 앞에 서서 나를 봐야 한다. 지금 내가 어떤 상태이고 어떤 삶을 살고 있는지를 주시해야 한다. 하나님의 시선으로 나를 다림줄 해야 한다. 잊지 말아야 한다. 거기서부터 다시 시작해야 한다.

21
영성은 근심이다

영성은 근심이다. 죄에 대한 근심, 선한 것에 대한 근심, 더러움과 미련함에 대한 근심, 그로 인해 고통스러워하고 슬퍼하기도 하는 것이 영성이다.

그런데 포기하지 않는 것, 선명히 더러움과 죄를 인식하고 괴로워하고 근심하지만 포기하지 않고 끝까지 가는 것, 그것이 영적 삶이다.

그러므로 가만히 앉아 침묵하며 그분의 임재를 기다리는 것, 눈을 감고 호흡을 가라앉히고 하나님을 숨 쉬는 것, 그것이 영성의 깊이이다.

22

가파른 길이 좋은 길이다

"가장 가파른 길이 종종 가장 좋고 빠르다."(르네 봐이욤)

'가장 가파른 길'이 좋다. 전심으로, 전 존재로 그 길을 걸어갈 것이기 때문이다. 여유를 부리거나 딴짓을 할 틈도 없이 모든 순간을 긴장하며 걸어 올라갈 것이기 때문이다.

수많은 영성가들이 스스로 광야로, 깊은 산과 사막으로 들어간 이유였다.

그런데 사람들은 너무 편한 길을 택한다. 침대로, 텔레비전으로, 인터넷으로 그리고 세상 속으로 들어간다. 사막이 없다. 가파른 길이 없다. 편하고 쉬운 길만 택한다. 수도자의 삶, 나는 어떤 길을 택해 왔는가?

12 수도적 삶은 시간이 걸린다

23

나 역시 잊혀지는 것을 두려워하고 있었다

오늘 새벽 기도하면서 놀라운 것을 보았다. 나 역시 사람들에게 잊혀지는 것을 두려워하고 있었다. 그때 주님이 내 마음에 이렇게 속삭이셨다.

'사람들에게 잊히는 것을 두려워하지 말고
나에게 잊히는 것을 두려워하라.
그러므로 세상을 잊고
나를 집중하고 기억하라.
시간이 지날수록 더욱 잊힐지라도
나에게 집중하라.
오히려 세상에게 잊히는 것이 축복이 아니냐?'

세상을 기웃거리고, 세상의 눈치를 보며 양다리를 걸쳤던 이스라엘처럼 우리는 다 똑같다. 그래서 지웠다. 그 생각들을 흘려보냈다.

24

기도가 깊어진 이유는 쌓였기 때문이다

기도가 넓어지고 깊어지는 이유는 그동안의 기도가 채워지고 쌓였기 때문이다.

비록 처음 자신의 문제에 묶여 기도할지라도 기도하고 있다면 어느 날 하나님의 임재를 경험하게 될 것이고 그때 하나님의 임재로 인한 평안이 생기게 된다.

바로 그 순간 우리의 문제를 주님께 맡기는 위탁이 벌어진다. 자신도 놀랄 만큼 강력한 평화가 온 것이다. 그때부터 갑자기 열린다. 기도해야 할 다른 것들, 다른 사람들, 문제가 보인다. 기도가 채워져서 확장된 것이다. 기도가 쌓인 결과이다. 그러므로 쉬지 말고 기도해야 한다.

25
우리 영이 죽는 것을 방치해서는 안 된다

하나님이 생각나지 않을 만큼 정신없이 바쁜 것은 분명한 죄다. 하나님을 생각하지 않는다는 것은 그것 자체로 하나님을 떠나 있는 상태를 말하기 때문이다. 그런데 하나님을 떠나 있는 것, 그 심각성을 모른다.

사실 우리는 죽고 있는 상태다. 어느 날 우리 안에서 하나님이 형식으로만 남을 때 그것이 바로 신앙의 죽음이다. 믿는 것 같지만 생명은 없는 죽은 믿음이다. 그때 우리 영은 하나님을 향하는 것 같지만 오래 길들여진 우리 육체와 이 세상의 경향은 하나님과의 호흡을 부담스러워한다. 육체는 영을 거스르기 때문이다.

하지만 언제까지 육체가 원하는 대로 살 것인지는 깊이 고민해야 한다. 어느 날 그냥 존재하고 육체적인 욕망을 좇아 사는 단순한 고깃덩어리 같은 존재가 되는 순간이 올지 모르기 때문이다. 그러므로 최소한 비워야 한다. 여백(餘白)이 있어야 한다. 시간을 비우는 것, 마음을 비우는 것, 하나님을 만나기 위해 매우 의도적으로 시간을 만들어야 한다.

바쁠 수밖에 없는 세상을 살아도 우리 내면은 하나님과 언제나 교제하고 있어야 한다. 그 시간을, 그 마음을 내어놓아야 한다. 우리 영이 죽는 것을 방치해서는 안 된다.

26

죄로 죽지 말고 반드시 살아남으라

"너희는 스스로 돌이키고 살지니라"(겔18:32)

반드시 살아야 한다. 피투성이가 되더라도 죽음에 이를 만큼 죄를 범해서는 안 된다. 죄로 죽지 말고 반드시 살아남으라. 버티라.

죄로 죽지 않고 사는 것이 그리스도의 피를 값있게 하는 것이다. 그러므로 제발 핏덩이로라도 살아 있으라!

죄로 죽게 자신을 내버려 두지 말라!

27
모든 순간은 다 아름답고 존귀하고 소중하다

인간이 이룬 가장 놀라운 것들은 끊임없이 진보해 온 것이다. 하지만 동시에 그것이 가장 위험한 일이었다. 그것은 현재를 무능이나 무익 혹은 모자람이나 열등으로 이해하게 하기 때문이다.

다섯 살 아이가 글을 읽지 못해도 그때 그것은 자연스러운 것이고, 청소년 시절의 사춘기 행동도 그것으로 자연스러운 것이며, 그것대로 아름다운 것이다.

그런데 우리는 그것을 미숙하다고 불렀다. 그 시절, 그 순간을 혐오하게 만들었고 빨리 지나가도록 염원하게 하였다. 그때부터 그 시절은 의미 없는 시간이 되어버렸다. 우리가 잃어버린 시간이다.

우리가 무엇을 추구하고 나아가지만, 그것은 지금이 의미 없거나 불행한 시간이기 때문이 아니다. 우리에게 필요한 것은 진보가 아니라 자유라 해야 옳다. 그것은 매 순간 이뤄져야 한다.

무엇이 되어야 아름다운 것이 아니라 무엇에 묶이지 않고 지금 자유한 것이 아름다운 것이다. 그러므로 우리의 모든 순간은 다 아름답고 존귀하고 소중하다.

28

변화는 방향이지 목적지가 아니다

변화 자체가 목적이 되어서는 안 된다. 도대체 변화해서 무엇을 하려는가? 무엇 때문에 변화하려 하는가?

변화해야 하는 이유는 목적 때문이다. 주님이 우리에게 주신 사명 때문이다. 그러니까 변화하려는 이유는 그 사명을 이룰 수 있는 존재가 되고 싶기 때문이다.

그러므로 변화를 추구하기 전에 무엇 때문에 변화하려 하는지를 물어야 한다. 혹시라도 세상의 경향 때문에 라면 굳이 변할 필요가 없을지도 모른다. 그때 변화란 세상화 혹은 변질일 수 있기 때문이다.

변화는 분명한 의도가 있어야 한다.

"변화는 방향이지 목적지가 아니다."(샤우나 샤피로, 마음챙김, 안드로메디안, 63쪽)

29
영성은 순식간에 생기는 것이 아니다

당장 변화되지 않는다. 영성은 순식간에 생기는 것이 아니다. 깨달음도 마찬가지다. 무엇인가 다 깨달은 것처럼 느껴져도 그것은 자신의 것이 아니다. 말 그대로 그것에 대해 혹은 몇 가지를 깨달았을 뿐이다. 그것조차 머리를 스치는 깨달음에 불과할지도 모른다. 아직 뼈와 살에 박히고 머리를 지배하고 있는 생각은 아니다.

우리의 대부분의 생각은 세상이다. 하나님이 아니다. 영성이 깊다는 것은 생각이 얼마나 하나님으로 채워져 있는가 보면 알 수 있다. 그래서 영성 깊은 사람들은 언제나 하나님을 생각한다. 그것도 매우 자연스럽다. 물론 하루아침에 이뤄진 것이 아니다. 그들은 모든 생각을 그리스도께 복종시키는 수련을 하는 오랜 시간이 있었다.

> "우리의 싸우는 무기는 육신에 속한 것이 아니요 오직 어떤 견고한 진도 무너뜨리는 하나님의 능력이라 모든 이론을 무너뜨리며 하나님 아는 것을 대적하여 높아진 것을 다 무너뜨리고 모든 생각을 사로잡아 그리스도에게 복종하게 하니"(고후10:4-5)

하루아침에 이뤄지지 않는다. 우리는 수없이 실패한다. 그것도 자연스러운 일이다. 그러므로 포기해서는 안 된다. 그런데 포기하고 싶을 것이다. 그러나 어찌하랴. 포기하지 말라!

30
미래는 죄를 범하지 않았다

우리 미래와 현재는 잘못이 없다. 어제까지 잘못을 범하고 죄를 지었을지라도 오늘과 내일 우리는 다른 삶을 살 수 있다. 물론 온전한 회개와 현상적인 피해와 잘못에 대해 책임을 져야 한다. 반드시 그래야 한다. 그러나 내일 이미 우리가 죄지은 것은 아니다.

"이전 것은 지나갔다"(고후5:17)라는 말씀은 우리 앞에는 '새 것이 놓여있다'라는 뜻이다. 미래가 죄를 범한 것이 아니다. 그리스도 안에서 우리가 내일을 살 수 있는 이유이다. 지금과 내일 그리고 미래를 우리가 자유롭게 살기 위하여 주께서 십자가에서 모든 우리의 죄를 곧 과거를 해결하셨기 때문이다. 그러므로 주님이 현장에서 간음하다 잡혀 온 여인에게 한 말씀을 잊지 말라.

"가서 다시는 죄를 범하지 말라"(요8:11)

우리에게 남은 것은 다시 사는 것이다. 미래는 죄를 범하지 않았다. 우리가 지었던 죄를 미래로 가져가지 말라. 지금 그리스도 안에서 단절하라. 다시 살라.

31
영적인 훈련이 구원에 대한 최고의 대답이다

우리의 죄는 본래적으로 보일 뿐 본래적이지 않다. 예수 그리스도께서 우리의 죄를 대속하셨기 때문이다. 예수로 말미암아 우리는 깨끗하다. 그러므로 우리의 죄란 실체가 없는 죄다. 쉽게 말해서 우리 몸과 생각에 붙어 있는 죄이고 사회적인 죄일 뿐이다.

이 말은 우리가 우리를 괴롭히는 현상적인 죄들을 떨쳐낼 수 있다는 뜻이다. 구체적으로 회개해야 하는 이유이고 내면적 깊이 쌓여있는 죄를 버리기 위해 침묵기도와 같은 하나님 임재의 수동적 기도가 필요한 이유이다.

사실 예수 그리스도를 믿는 자들에게 죄란 영적 생활의 나태함이고 그동안 살아왔던 삶의 방식을 포기하지 않은 것의 열매일 뿐이다. 그러므로 치열해야 하며 새로운 삶의 방식을 내 몸에 불어넣어야 하고 죄를 그때마다 떨쳐내는 나만의 수련된 영적 근육을 갖도록 추구해야 한다.

모름지기 영적인 훈련이란 예수 그리스도께서 구속하신 은총에 대해 우리가 할 수 있는 최고의 대답임을 잊지 말아야 한다.